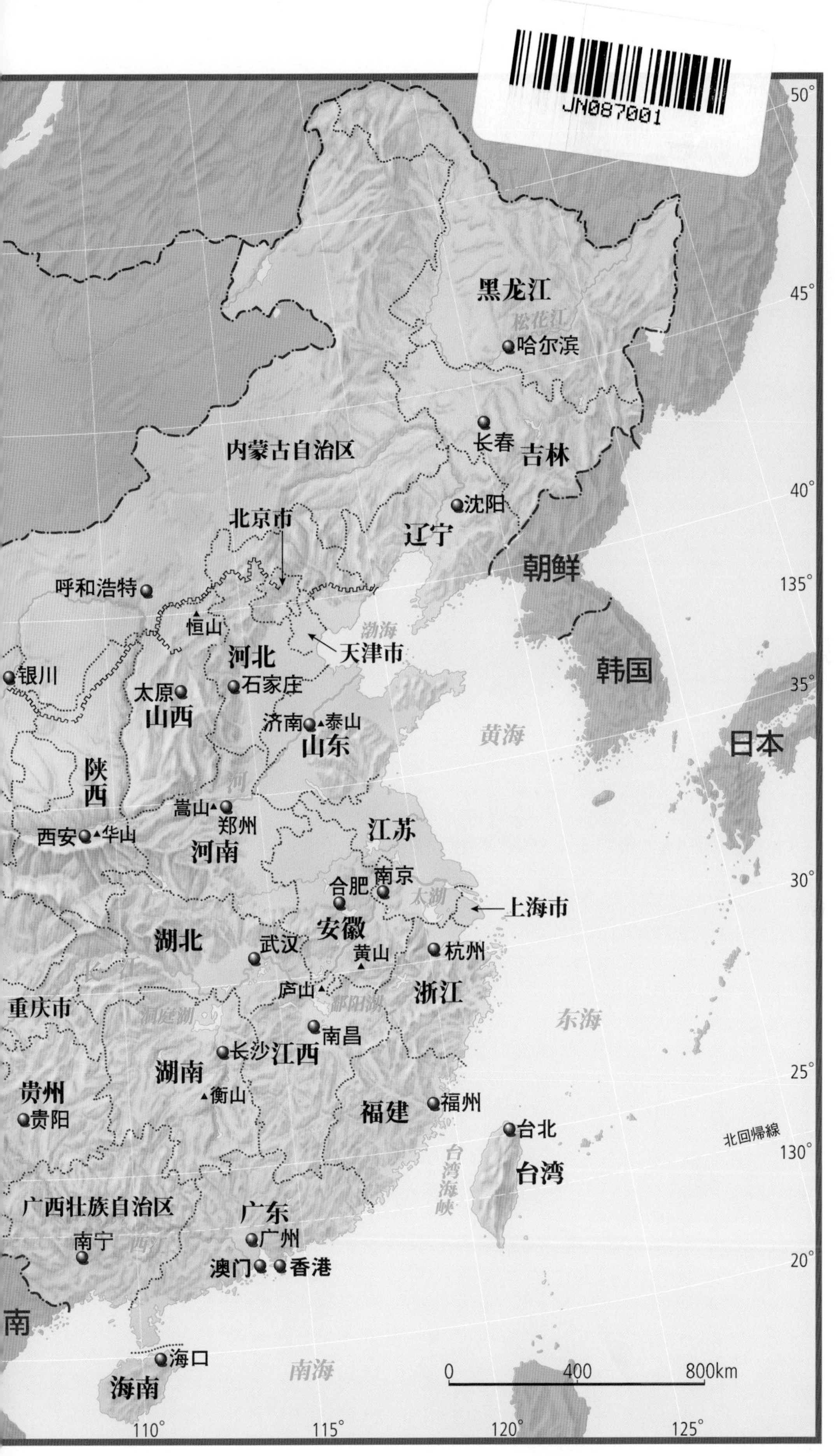

JN087001
黑龙江
松花江
哈尔滨
长春
吉林
内蒙古自治区
沈阳
北京市
辽宁
朝鲜
呼和浩特
恒山
渤海
天津市
河北
银川
韩国
太原
石家庄
山西
济南
泰山
山东
黄海
日本
陕西
河
嵩山
郑州
西安
华山
江苏
河南
南京
合肥
太湖
上海市
安徽
湖北
武汉
黄山
杭州
庐山
浙江
鄱阳湖
重庆市
洞庭湖
东海
南昌
长沙
江西
湖南
贵州
衡山
福建
福州
贵阳
台北
北回帰線
台湾海峡
台湾
广西壮族自治区
广东
南宁
广州
澳门
香港
南
海口
南海
海南
0
400
800km
50°
45°
40°
135°
35°
30°
25°
130°
20°
110°
115°
120°
125°

スイスイ音読
入門中国語

相原　茂
蘇　　紅

朝日出版社

音声ダウンロード

音声再生アプリ「リスニング・トレーナー」(無料)

朝日出版社開発のアプリ、「リスニング・トレーナー(リストレ)」を使えば、教科書の音声をスマホ、タブレットに簡単にダウンロードできます。どうぞご活用ください。

まずは「リストレ」アプリをダウンロード

› App Store はこちら

› Google Play はこちら

アプリ【リスニング・トレーナー】の使い方

❶ アプリを開き、「**コンテンツを追加**」をタップ

❷ QRコードをカメラで読み込む

❸ QRコードが読み取れない場合は、画面上部に **45359** を入力し「Done」をタップします

Webストリーミング音声

http://text.asahipress.com/free/ch/suisui

序

誰でも漠然と感じているのではないか。「中国語には音読が似合う」と。

このテキストは「素読」のススメ，というわけでもないが，清浄な教室で，姿勢を正しくして，大きな声で本文を読み上げる。そういう場面を想像しながら編んだ。

不思議なことに，好きな文章は声に出して読みたくなる。声に出して読むという作業には理屈を超えた何かがある。音読する，それだけで脳に音が入ってゆき，脳がめざめる，そんな思いがする。

教室で先生と学生が朗々と課文を読む。もうそれだけで学習は半ば良しと言いたいぐらいだ。

本書ではこれまでのテキストよりも，倍ぐらいの時間を本文の朗読に費やしてほしい。これまで2, 3回ぐらいなら，この本では5, 6回ぐらいは読んでほしい。学生諸君には20回をノルマとして課したい。

本文はそれに値すべく練りに練った。

学生諸君にはまた，巻末の暗唱用課文をコピーし，これを随時携帯し，折りをみて紙片を取り出し，口ずさんで欲しい。言葉は習慣である。繰り返しこそが習慣をつくる。

そのとき，先生と一緒に音読した，教室での大音声が頭の中で朗々とこだまする，そうであってほしい。

本書は編著者らによる前書『音読中国語入門編』(2015年，朝日出版社) をベースに，音読に求められる「発音の習得」に重点を置き，併せて楽しくスイスイ学べる入門テキストを目ざしたものである。

編著者

目 次

この本の使い方

20 回音読をするために

最初に本文のところに○を 10 個書く。1 回音読するごとに○を塗りつぶしてゆく。授業で読んでも，自分が家で読んでも塗りつぶしてよい。

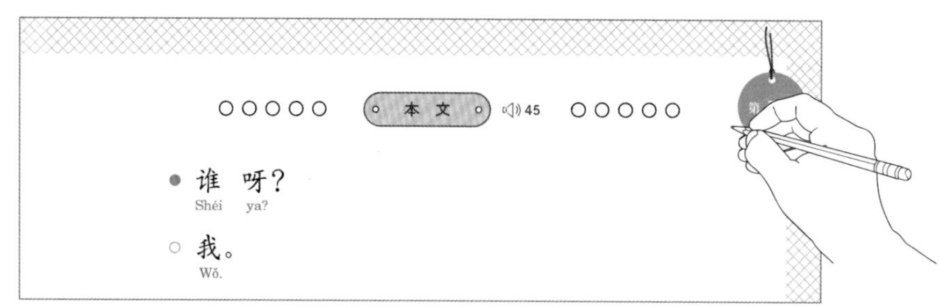

後ろのほうの「ピンインなしで読めるか」には ✓ が 5 つ印刷されている。また,「ピンインだけで分かるか」にも同様に ✓ が 5 つ印刷されている。やはり 1 回音読するごとに塗りつぶしてゆく。
全部塗りつぶせば 20 回本文を音読したことになる。

教室での音読の仕方はいろいろある

［範読］先生が読み，そのあとにすぐ続けて読む。
［分担読み］グループに分けて，A か B を分担して読む。読み終わったら AB を交代してもう一度読む。グループはクラスの真ん中からわけても良いし，男女でわけても良い。先生 1 人対クラス全員という分担もある。
［配役読み］A または B の役になりきって指名された 2 人が読む。
［スピード読み］全員が起立し，姿勢を正して，できるだけ早く本文を読む。読み終わった人から着席し，(時間を無駄にせず）もう一度読む。

先生によっては［暗唱テスト］をするかもしれない。また，期末や中間テストでも，暗記している本文を書きなさいというような問題がでるかもしれない。

なお，巻末には「暗唱用本文」として全課文をまとめて載せてある。

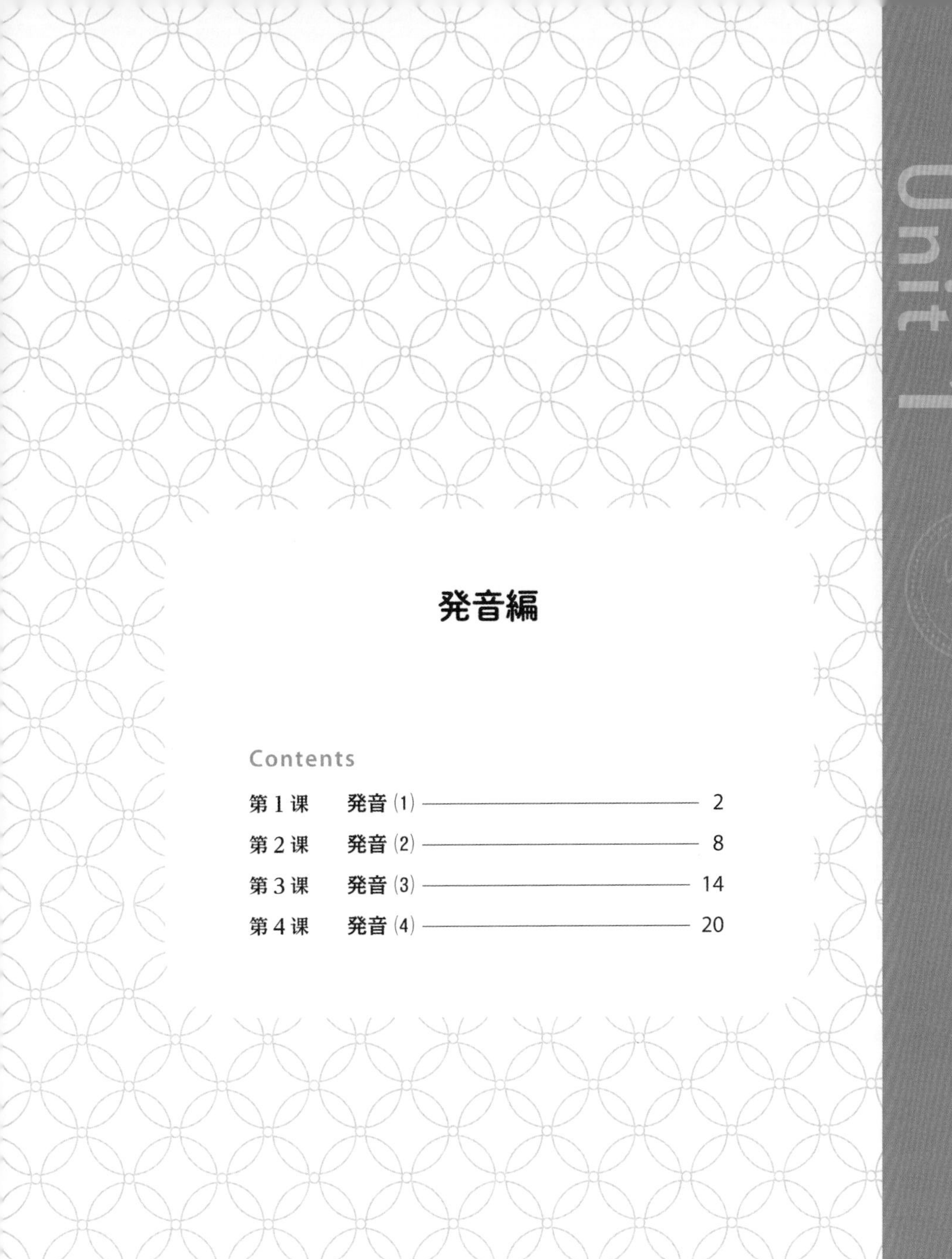

Unit 1

発音編

Contents

第1课　発音(1)

中国語は日本人にもなじみ深い「漢字」で書き表される．漢字は目で理解するにはよいが，肝心の音をはっきりと示してはくれない．音を表すために，表音文字のローマ字を使う．これをピンインという．

01

1　声調

ā　á　ǎ　à

第一声	高く平ら	mā［妈］
第二声	急激に上昇	má［麻］
第三声	低くおさえる	mǎ［马］
第四声	急激に下降	mà［骂］
軽　声	軽く短く	māma［妈妈］

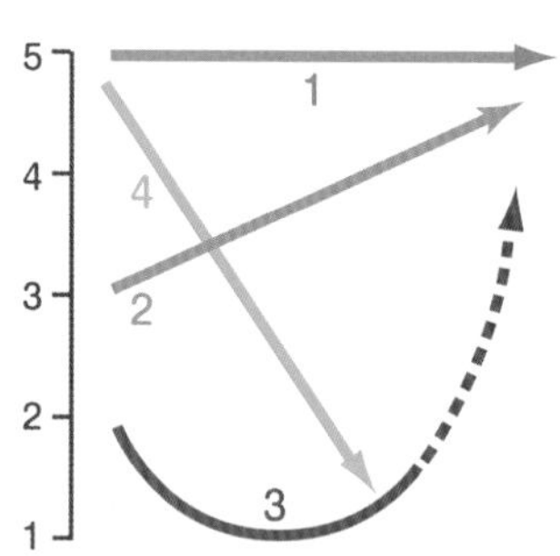

こうして発声 —— 力の入れ所・抜き所

第1声　第2声　第3声　第4声

練習

Māma	mà	mǎ.
妈妈	骂	马。
S	**V**	**O**

02

2 単母音

口を大きくあけて舌を下げ，明るく「アー」を出す.

日本語の「オ」よりも唇をまるく突き出して発音する.

o の発音から唇のまるめをとり（舌の位置はそのままで），口をやや左右に開き，のどの奥で「ウ」と言うつもりで.

子供が「イーッ！」と言う時の「イ」. 唇を左右にひく.

日本語の「ウ」よりも思いきって唇をまるくつきだし，口の奥から声を出す.

上の u を言う唇の形をして，「イ」を言う. 横笛を吹く時の口の形.

a の口の形をして，上で学んだ e を言い，同時に舌先をヒョイとそり上げる.「アル」と二つの音に分かれぬよう.

練習

03

a — ā á ǎ à
o — ō ó ǒ ò
e — ē é ě è
er — ēr ér ěr èr

〈広い〉

i — yī yí yǐ yì
u — wū wú wǔ wù
ü — yū yú yǔ yù

〈狭い⇒書き換え〉

04

3　複母音

ai とか ei のように，母音が二つ以上連なっているもの．いずれも「なめらかに」発音する．

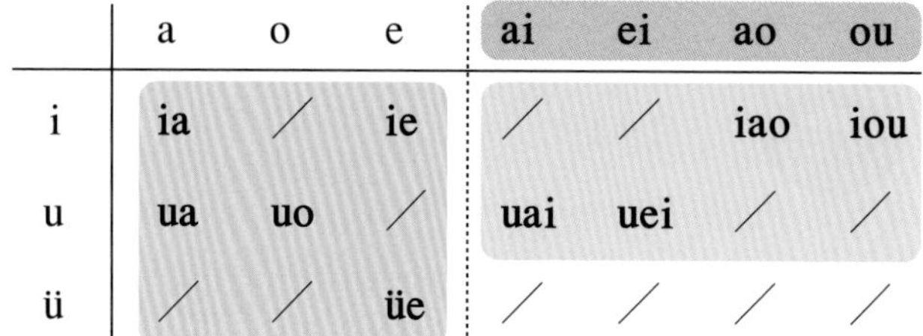

	a	o	e	ai	ei	ao	ou
i	ia	／	ie	／	／	iao	iou
u	ua	uo	／	uai	uei	／	／
ü	／	／	üe	／	／	／	／

三つのタイプ

05

>型（しりすぼみ型）　ai　ei　ao　ou

>**型**は初めの音は口の開きが大きく，後の音は小さく

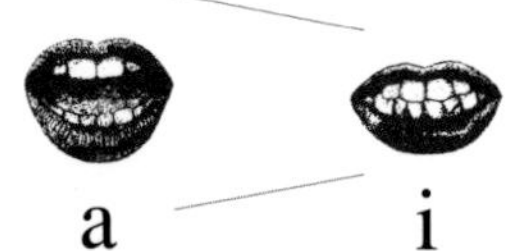

<型（発展型）　ia　ie　ua　uo　üe

<**型**は初めの音が口の開きが小さく，後を大きく

◇型（ひしもち型）　iao　iou　uai　uei

◇**型**は，<と>が合体した型

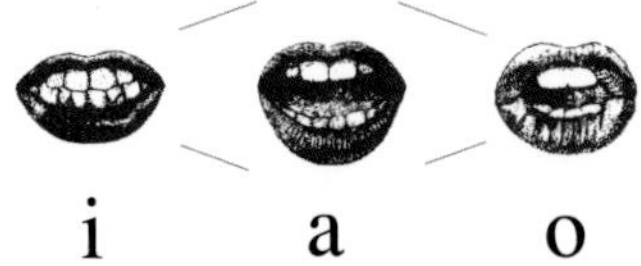

練習

06

ai	——	āi	ái	ǎi	ài
ei	——	ēi	éi	ěi	èi
ao	——	āo	áo	ǎo	ào
ou	——	ōu	óu	ǒu	òu
ia	——	yā	yá	yǎ	yà
ie	——	yē	yé	yě	yè
iao	——	yāo	yáo	yǎo	yào
iou	——	yōu	yóu	yǒu	yòu
ua	——	wā	wá	wǎ	wà
uo	——	wō	wó	wǒ	wò
uai	——	wāi	wái	wǎi	wài
uei	——	wēi	wéi	wěi	wèi
üe	——	yuē	yué	yuě	yuè

→ i, u, ü ではじまる音節は書き換える

もうこんなに言える —— 発音できる単語

wǒ		ài		nǐ		S V O
我	+	爱	+	你	=	我爱你。
私		愛する		あなた		私はあなたを愛する.

声調記号をどこにつけるか

(1) a があればのがさずに, → māo guǎi
(2) a がなければ, e か o をさがし, → xué duō
(3) i, u が並べば後ろにつけて, → jiǔ huì
(4) 母音一つは迷わずに. → tì lǜ

なお, i につける時は上の点をとって yī, yí, yǐ, yì のように.

練習問題

🔊 07

1 まず順番に発音します．次にどれか一つを発音します．それを……に書きなさい．

(1) ā á ǎ à ……… (2) ō ó ǒ ò ………

(3) ē é ě è ……… (4) yī yí yǐ yì ………

(5) wū wú wǔ wù ……… (6) yū yú yǔ yù ………

(7) ēr ér ěr èr ……… (8) mā má mǎ mà ………

🔊 08

2 発音を聞いて，声調記号をつけなさい．

(1) a (2) o (3) e

(4) yi (5) wu (6) yu

(7) er (8) ma

🔊 09

3 まず順番に発音します．次にどれか一つを発音します．それを……に書きなさい．

(1) āi ái ǎi ài ……… (2) ēi éi ěi èi ………

(3) āo áo ǎo ào ……… (4) ōu óu ǒu òu ………

(5) yā yá yǎ yà ……… (6) yē yé yě yè ………

(7) yāo yáo yǎo yào ……… (8) yōu yóu yǒu yòu ………

(9) wā wá wǎ wà ……… (10) wō wó wǒ wò ………

(11) wāi wái wǎi wài ……… (12) wēi wéi wěi wèi ………

(13) yuē yué yuě yuè ………

🔈 10

4 発音を聞いて，声調記号をつけなさい.

(1) ai	(2) ei	(3) ao	(4) ou	(5) ya
(6) ye	(7) yao	(8) you	(9) wa	(10) wo
(11) wai	(12) wei	(13) yue		

建設がすすむ地方都市

第2课　発音 (2)

漢字は1字が1音節になっている．下の絵は中国語の音節怪獣「アクハシ」．頭の部分を「声母」といい，首から下を「韻母」という．この課では「声母」，すなわち音節のアタマにくる子音を学ぶ．

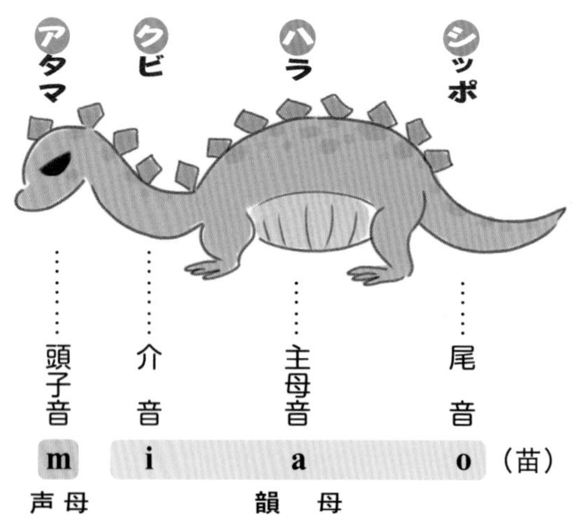

11

1　声母表

	〈無気音〉	〈有気音〉	〈鼻音〉	〈摩擦音〉	〈有声音〉
唇　音	**b** (o)	**p** (o)	**m** (o)	**f** (o)	
舌尖音	**d** (e)	**t** (e)	**n** (e)		**l** (e)
舌根音	**g** (e)	**k** (e)		**h** (e)	
舌面音	**j** (i)	**q** (i)		**x** (i)	
そり舌音	**zh** (i)	**ch** (i)		**sh** (i)	**r** (i)
舌歯音	**z** (i)	**c** (i)		**s** (i)	

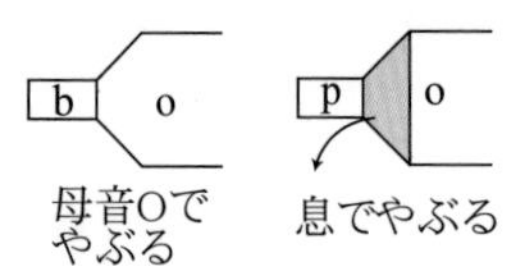

12

2 無気音と有気音

b — p	bo	po	ba	pa	bao	pao
d — t	de	te	da	ta	duo	tuo
g — k	ge	ke	gu	ku	gai	kai
j — q	ji	qi	ju	qu	jue	que
z — c	zi	ci	ze	ce	zao	cao

無気音　有気音

üがj, q, xの直後に続く時は, üの上の¨をとってuにする. なお単独ではyuと書く.

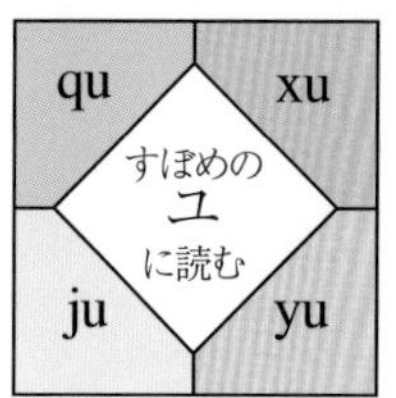

13

3 そり舌音

zh (i) —— **ch** (i)

舌先で上の歯茎をなぞり上げる. 硬いところの少し上に, やや深く落ちこんでいるところがある. その境目辺りに舌先を突っかい棒をするようにあてがい,

zh は無気音, 息を抑えるように「ヂ」
ch は有気音で, 息を強く出して「チ」

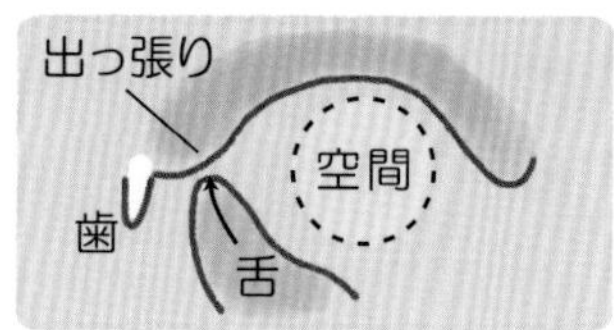

sh (i) —— **r** (i)

そり上げた舌を歯茎につけず, 少しすき間を残し, そこから息を通す. その時, 声帯(のど) を振動させなければ sh「シ」, いきなり声を出して声帯をふるわせれば r「リ゛」.

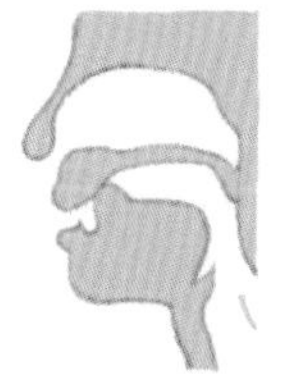
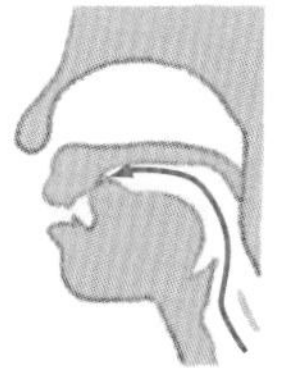
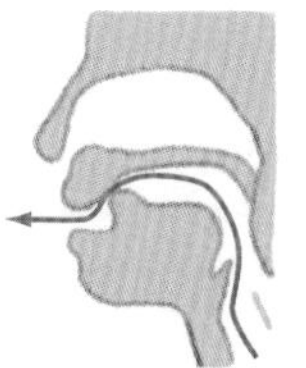
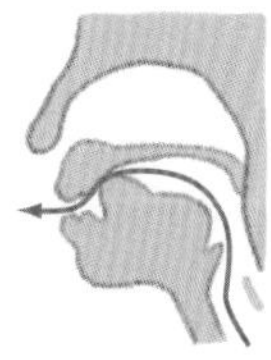
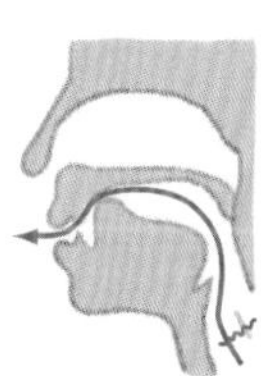

構えて ➡ 息をため ➡ 発音 {無気 zh(i) / 有気 ch(i)}　sh(i)　r(i)

練習 (1)

◁)) 14

zhī　zhí　zhǐ　zhì ……　zhǐ ［纸］ 紙

chī　chí　chǐ　chì ……　chī ［吃］ 食べる

shī　shí　shǐ　shì ……　shì ［是］ ～である

rī　rí　rǐ　rì ……　rì ［日］ 日

練習 (2)

◁)) 15

zá［杂］　zǐ［子］　cā［擦］　cǎo［草］　sū［苏］　lì［力］

zhá［闸］　zhǐ［纸］　chā［插］　chǎo［炒］　shū［书］　rì［日］

＊上下で練習．下は舌が立っていることを確認

4 消えるoとe

複母音のiou，ueiが声母と結合して音節を作ると，i°u，u°iのように，まん中の母音が弱くなる（ただし，第3声の時はわりあい明瞭に聞こえる）．このため，次のようにoやeを省略して綴る．

l ＋ iou → liu　　j ＋ iou → jiu〈消えるo〉

t ＋ uei → tui　　h ＋ uei → hui〈消えるe〉

i（私）とu（あなた）の間には何かが隠れている！

練習

◁)) 16

liū　liú　liǔ　liù ……　liù ［六］ 六

jiū　jiú　jiǔ　jiù ……　jiǔ ［九］ 九

duī　duí　duǐ　duì ……　duì ［对］ 正しい

huī　huí　huǐ　huì ……　huí ［回］ 帰る

🔈17

5 同じ i でも違う音

三つの i	ji qi xi	…………［ i ］するどい i
	zhi chi shi ri	…………［ ʅ ］こもった i
	zi ci si	…………［ ɿ ］平口の i

◆ 中国語の音節構造

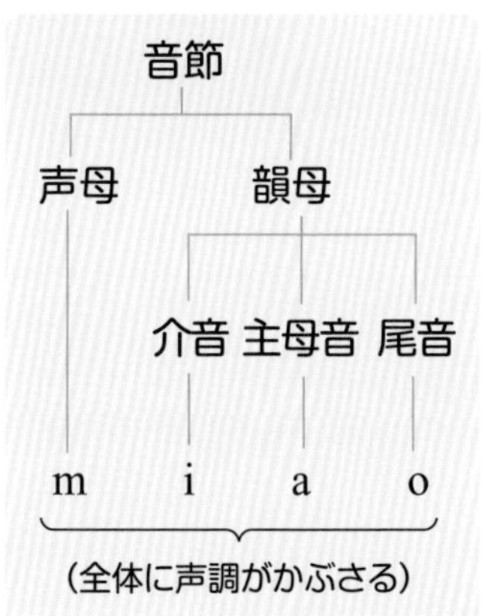

音節は大きく「声母」と「韻母」の二つに分けることができる.

「声母」とは音節の頭についている子音.

「韻母」は残りの，母音を含む部分.

「韻母」のところは少し複雑で,これを「介音」「主母音」「尾音」の三つに分けることができる.

左の図では miao とすべての要素が揃っている.

上海人気スポット田子坊のカフェ

（朝日出版社フォトライブラリーより）

練習問題

🔈 18

1 どちらか一方を発音します．読まれた方を………に書きなさい．

(1) bō ⟷ pō ………　(2) dē ⟷ tē ………　(3) gē ⟷ kē ………

(4) jī ⟷ qī ………　(5) zhī ⟷ chī ………　(6) zī ⟷ cī ………

(7) dà ⟷ tà ………　(8) jù ⟷ qù ………　(9) zǎo ⟷ cǎo ………

🔈 19

2 まず，順番に発音します．次にどちらかを発音します．それを………に書きなさい．

(1) zài　cài ………　(2) bǎo　pǎo ………

(3) duō　tuō ………　(4) jià　xià ………

(5) sī　shī ………　(6) huā　guā ………

(7) zī　zū ………　(8) chī　chū ………

(9) qì　qù ………　(10) qī　chī ………

🔈 20

3 まず，順番に発音します．次にどれかを発音します．それを………に書きなさい．

(1) jī　qī　chī ………　(2) zhǐ　jǐ　chǐ ………

(3) shū　sū　cū ………　(4) xī　shī　xū ………

(5) ròu　lòu　rè ………　(6) hēi　huī　fēi ………

(7) cài　zài　sài ………　(8) qǔ　jǔ　xǔ ………

(9) sè　shè　cè ………　(10) tù　dù　kù ………

🔊 21

4 1 から 10 までの数を発音します．発音を聞いて声調記号をつけなさい．

一 yi

二 er

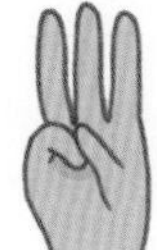
三 san

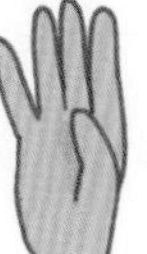
四 si

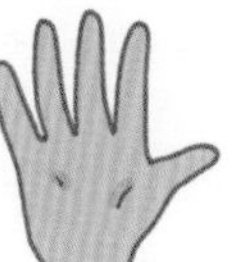
五 wu

六 liu

七 qi

八 ba

九 jiu

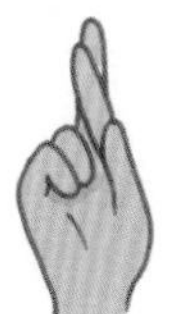
十 shi

収穫をすませ記念撮影

第3课　発音(3)

中国語の韻母には -n や -ng で終わるものがある．例えば, xīn（新）と xīng（星）ではまったく別の語になる．日本語は，-n か -ng かを区別しないが，例えば「アンナイ（案内）」では n が,「アンガイ（案外）」では ng が実際の発音ではあらわれている．口の中の舌の位置に思いを馳せてみよう．

22

1　鼻音（-n, -ng）を伴う母音

〈介音〉					
ゼロ	**an**	**en**	**ang**	**eng**	**ong**
i	**ian** (yan)	**in** (yin)	**iang** (yang)	**ing** (ying)	**iong** (yong)
u	**uan** (wan)	**uen** (wen)	**uang** (wang)	**ueng** (weng)	
ü	**üan** (yuan)	**ün** (yun)			

（　）内は前に子音がつかない時の表記

◆ an と ang

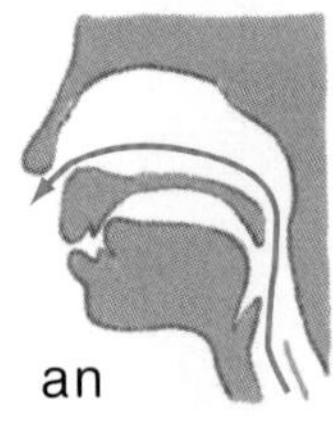

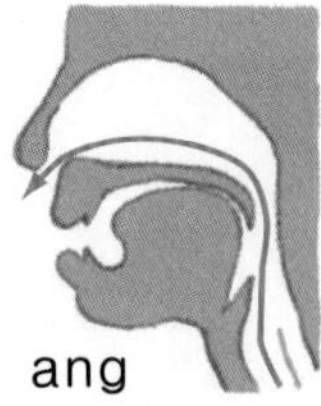

n は舌を上の歯茎に押しつけるようにし，ng は最後は口を開けたまま舌先はどこにもつけない．ng は文字では 2 つだが，[ŋ] という一音だ．母音 a の違いにも気をつけたい．an のときは前寄りの [a] だ．対して ang のときは後寄りの [ɑ] になる．

◆ a系列とe系列

🔈 23

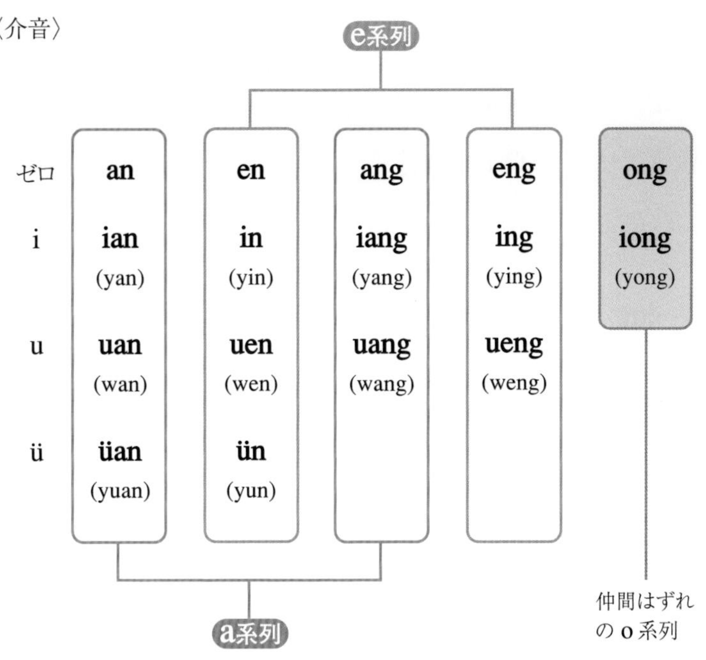

◆ ふぞろいなe系列の秘密

〈介音〉

ゼロ	en	eng
i	ien △	ieng △
u	uen	ueng
ü	üen △	

e系列と言うのに，eの音が含まれていないものがあります．しかし本当はeが隠れているのです．

左のように考えると，きれいなeの体系ができました．これでa系列と対等です．△印が隠れているe．

🔈 24

真　冷，真　冷，　真正　冷，
Zhēn lěng, zhēn lěng, zhēnzhèng lěng,

猛　的一　阵　风，更　冷。
měng de yí zhèn fēng, gèng lěng.

練習

🔊 25

(1) **an —— ang**

bān［班］	bāng［帮］
fàn［饭］	fàng［放］
wán［完］	wáng［王］

(2) **en —— eng**

mén［门］	méng［萌］
fēn［分］	fēng［风］
wēn［温］	wēng［翁］

(3) **in —— ing**

yīn［因］	yīng［英］
mín［民］	míng［明］
xìn［信］	xìng［姓］

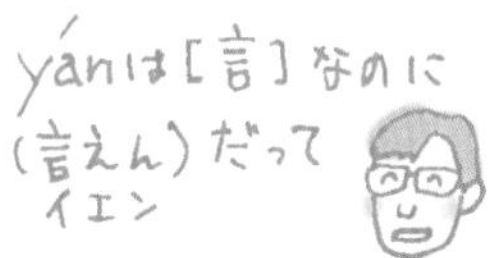

yánは[言]なのに
(言えん)だって
イエン

(4) **ian —— iang**

yán［言］	yáng［羊］
qián［钱］	qiáng［强］
xiān［先］	xiāng［香］

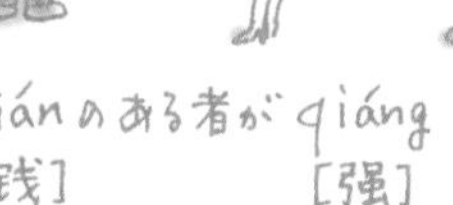

-n か -ng か？

-n で終わるのか -ng で終わるのか迷うことがありますが，次のような対応関係を知っておくと便利です．

中国語で　-n　→　日本語漢字音で「－ン」で終わる
例：山 shān —— サン　　前 qián —— ゼン

中国語で　-ng　→　日本語漢字音で「－ウ」または「－イ」で終わる
例：送 sòng —— ソウ　　英 yīng —— エイ

🔊 26

2 またしても消える e

uen が声母に続く場合，u^en のようにまん中の母音が弱くなる．このためローマ字綴りでは，次のように，e が消える．

k ＋ uen → kun　　c ＋ uen → cun　〈消える e〉

練習

kūn　kún　kǔn　kùn　……　困 kùn（ねむい）

cūn　cún　cǔn　cùn　……　存 cún（たくわえる）

-n と -ng では大違い

⑴	fàn 饭	（ご飯）	fàng 放	（置く）
⑵	yànzi 燕子	（つばめ）	yàngzi 样子	（様子）
⑶	qián 钱	（お金）	qiáng 强	（強い）
⑷	rénshēn 人参	（朝鮮人参）	rénshēng 人生	（人生）

農村の嫁入り

練習問題

◁)) 27

1 まず両方を発音します．次にどちらか一方を発音します．読まれた方を……に書きなさい．

(1)	shān ［山］やま	shāng ［伤］きず	…………
(2)	yán ［盐］しお	yáng ［羊］ひつじ	…………
(3)	fàn ［饭］ご飯	fàng ［放］置く	…………
(4)	xìn ［信］手紙	xìng ［姓］姓	…………
(5)	qián ［钱］お金	qiáng ［强］つよい	…………
(6)	chuán ［船］船	chuáng ［床］ベッド	…………
(7)	dēng ［灯］あかり	dōng ［东］東	…………
(8)	nián ［年］とし	niáng ［娘］お母さん	…………
(9)	chén ［沉］重い	chéng ［城］まち	…………

◁)) 28

2 発音を聞いて空欄に **n** か **ng** を伴う母音を書き入れなさい．

(1) zh………… ［张］　(2) d………… ［邓］　(3) sh………… ［双］

(4) x………… ［先］　(5) g………… ［干］　(6) s………… ［森］

(7) h………… ［黄］　(8) ch………… ［船］　（参考 22 頁）

29

3 おなじみの中国語，発音を聞いて，声調記号をつけなさい．

(1) 乌龙茶

wulongcha

(2) 麻婆豆腐

mapo doufu

(3) 熊猫

xiongmao

(4) 上海

Shanghai

南方の古都

第4课　発音(4)

🔊30

Nǐ hǎo.　[你好]
こんにちは.

Nǐmen hǎo.　[你们好]
みなさんこんにちは.

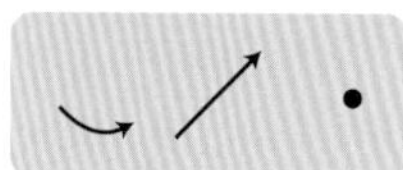

Nǐ lái le.　[你来了]
いらっしゃい.

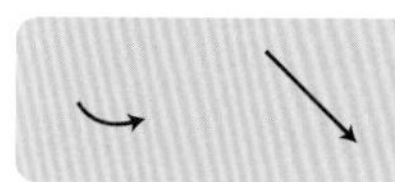

Qǐngwèn.　[请问]
おうかがいしますが.

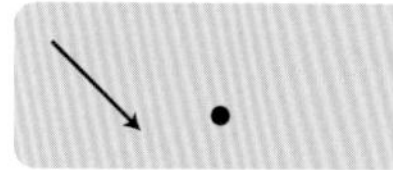

Xièxie.　[谢谢]
ありがとう.

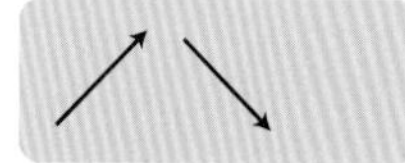

Bú xiè.　[不谢]
どういたしまして.

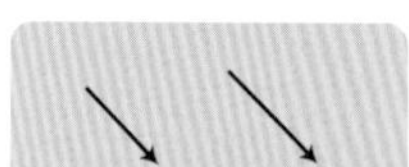

Zàijiàn.　[再见]
さようなら.

🔊31

1　第3声+第3声 → 第2声+第3声

変調しても，声調記号はもとの3声のままにしておく.

nǐ　hǎo
你　好

yǒuhǎo
友好

shǒubiǎo
手表

32

2　bù［不］の声調変化

否定を表す bù［不］は本来第 4 声であるが，後に第 4 声がくると，bù は第 2 声に変化する．声調記号も変化した第 2 声のマークをつけるのがふつう．

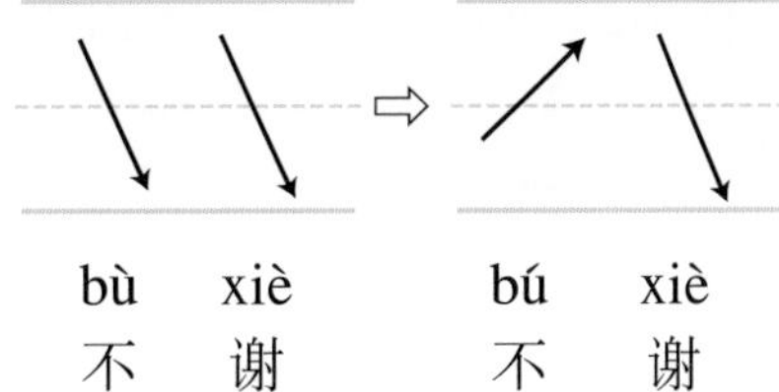

練習

bù ＋第 1 声：bù hē　［不喝］　飲まない
bù ＋第 2 声：bù lái　［不来］　来ない　　変化しない
bù ＋第 3 声：bù mǎi　［不买］　買わない
bù ＋第 4 声：bú pà　［不怕］　こわくない　→ 第 2 声に変化

33

3　yī［一］の声調変化

yī［一］は本来第 1 声 yī であるが，次のように声調変化を起こす．

yī ＋ 第 1 声：yìqiān　［一千］
yī ＋ 第 2 声：yì nián　［一年］　→ yì（第 4 声に）
yī ＋ 第 3 声：yìbǎi　［一百］

このように第 4 声となる．ところが後ろに第 4 声がくると，

yī ＋ 第 4 声：yí wàn　［一万］　→ yí（第 2 声に）

うしろと
同じは
イヤです
yì[一]
yì[一] yì[一]

序数を表す時は本来の声調 yī が普通：yīyuè　［一月］
後に何も続かぬ時も本来の声調 yī　：tǒngyī［统一］

後に何か続いても，［一］が前の単位に属するのであれば本来の声調 yī：

tǒngyī zhànxiàn［［统一］战线］　shíyī suì［［十一］岁］

34

4 軽声

軽声はそれ自体に決まった高さがなく，前の音節に続けて軽くそえる．

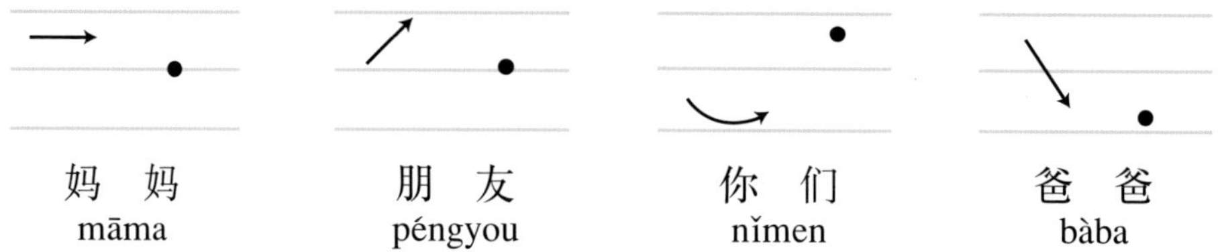

35

5 声調の組み合わせ

二つの音節が合わさると，その声調パターンは全部で 20 通り．

	1	2	3	4	0
1	māmā	māmá	māmǎ	māmà	māma
2	mámā	mámá	mámǎ	mámà	máma
3	mǎmā	mǎmá	mǎmǎ	mǎmà	mǎma
4	màmā	màmá	màmǎ	màmà	màma

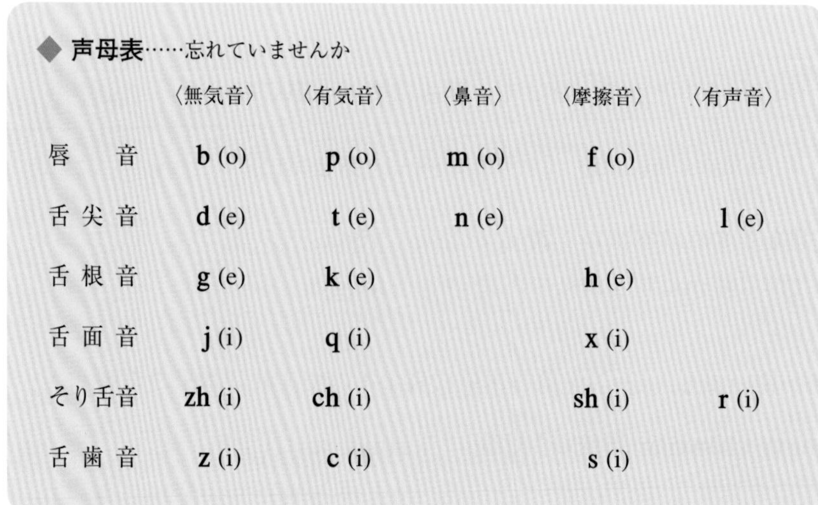
◆ **声母表**……忘れていませんか

	〈無気音〉	〈有気音〉	〈鼻音〉	〈摩擦音〉	〈有声音〉
唇　音	**b** (o)	**p** (o)	**m** (o)	**f** (o)	
舌尖音	**d** (e)	**t** (e)	**n** (e)		**l** (e)
舌根音	**g** (e)	**k** (e)		**h** (e)	
舌面音	**j** (i)	**q** (i)		**x** (i)	
そり舌音	**zh** (i)	**ch** (i)		**sh** (i)	**r** (i)
舌歯音	**z** (i)	**c** (i)		**s** (i)	

練習

 36

具体的な名詞で声調パターンを練習しよう.

	-1	-2	-3	-4	-0
1-	Dōngjīng 东京	Zhōngguó 中国	Xiānggǎng 香港	Shēnzhèn 深圳	māma 妈妈
2-	Táiwān 台湾	Yúnnán 云南	Héběi 河北	Fújiàn 福建	yéye 爷爷
3-	Běijīng 北京	Měiguó 美国	Měnggǔ 蒙古	Wǔhàn 武汉	nǎinai 奶奶
4-	Sìchuān 四川	Guìlín 桂林	Rìběn 日本	Yìndù 印度	bàba 爸爸

云南＝雲南　爷爷＝父方の祖父　美国＝アメリカ　蒙古＝モンゴル
武汉＝武漢　奶奶＝父方の祖母　印度＝インド　爸爸＝お父さん

37

6 隔音マーク［ ’ ］

多音節語で，次の音節が a，o，e ではじまる場合，前の音節との区切りとしてつける.

Xī’ān（西安）　Tiān’ānmén（天安门）　jī’è（饥饿）

38

7 r 化

音節の末尾で舌をそり上げる.

①	huàr 画儿	táor 桃儿	chàng gēr 唱歌儿	（変化なし）
②	wánr 玩儿	guǎiwānr 拐弯儿	yìdiǎnr 一点儿	（-n 脱落）
③	xiǎoháir 小孩儿	gàir 盖儿	wèir 味儿	（複母音の -i 脱落）
④	yǒu kòngr 有空儿	xìnfēngr 信封儿	diànyǐngr 电影儿	（鼻音化）

練習問題

🔊39

1 発音を聞いて声調記号をつけなさい.

(1) mama　(2) mama　(3) mama　(4) mama

(5) mama　(6) mama　(7) mama　(8) mama

🔊40

2 発音を聞いて次の単語に声調記号をつけなさい.

(1) Zhongguo 中国　(2) Riben 日本　(3) Meiguo 美国

(4) Faguo 法国　(5) Beijing 北京　(6) Dongjing 东京

(7) Niuyue 纽约　(8) Bali 巴黎　(9) Aoyunhui 奥运会

🔊41

3 発音を聞いて軽声, “不”と“一”の声調変化に注意して声調記号をつけなさい.

(1) meimei (妹妹)　(2) jiejie (姐姐)　(3) pengyou (朋友)　(4) nimen (你们)

(5) bu chi (不吃)　(6) bu qu (不去)　(7) bu lai (不来)　(8) bu mai (不买)

(9) yibai (一百)　(10) yi ci (一次)　(11) yi tian (一天)　(12) yi nian (一年)

(13) yiyue (一月)　(9) tongyi (统一)　(15) shiyi sui (十一岁)

42

4 発音を聞いて声調記号をつけなさい．それを漢字に直し，日本語の意味も書きなさい．

		漢字	意味
(1)	Ni hao.		
(2)	Nimen hao.		
(3)	Qingwen.		
(4)	Xiexie.		
(5)	Bu xie.		
(6)	Zaijian.		

伝統と現代と

あいさつ用語 16

🔈43

Nǐ hǎo.	你好。	こんにちは.（3声連続）
Nǐmen hǎo.	你们好。	みなさんこんにちは.
Nǐ zǎo.	你早。	お早う.（3声連続）
Nǐ lái le.	你来了。	いらっしゃい.
Qǐngwèn.	请问。	おうかがいしますが.
Xièxie.	谢谢。	ありがとう.
Bú xiè.	不谢。	どういたしまして.（bù 変調）
Bié kèqi.	别客气。	ご遠慮なく.
Duìbuqǐ.	对不起。	すみません.（duì は〈消える e〉）
Méi guānxi.	没关系。	なんでもありません.
Qǐng jìn.	请进。	どうぞお入りください.
Qǐng zuò.	请坐。	どうぞおかけください.
Qǐng hē chá.	请喝茶。	お茶をどうぞ.
Nǐ shēntǐ hǎo ma?	你身体好吗？	お元気ですか.（3声連続あり）
Chīfàn le ma?	吃饭了吗？	食事はすみましたか.
Zàijiàn.	再见。	さようなら. （jian の a は i と n にはさまれて…）

中国語学習 基礎 Tips 2

簡体字のはなし

中国語はわたしたちになじみの深い漢字で書き表されます．

しかし，まったく同じかというと，そうでもありません．ところどころ日本の漢字とは形が違います．これは簡体字（“简体字”）と呼ばれ，簡略化された文字です．すっきり単純になり，読みやすく，書きやすく，覚えやすくなりました．これは俗字や略字ではなく，中国語を表記する正式な字体です．

中国では1955年，漢字の改革，すなわち文字改革がすすめられ，異体字の整理や漢字の簡略化が行われました．その結果が，みなさんが今学んでいる簡体字による正書法なのです．

●漢字簡略化の方式

(1) **もとの字形の一部を残す**
虫〔蟲〕　灭〔滅〕　亩〔畝〕　习〔習〕　丽〔麗〕

(2) **もとの字形の特徴や輪郭を残す**
飞〔飛〕　齐〔齊〕　夺〔奪〕　齿〔齒〕

(3) **草書体の楷書化**
书〔書〕　东〔東〕　长〔長〕　为〔爲〕　乐〔樂〕

(4) **複雑な偏旁を単純な符号化する**
师〔師〕　归〔歸〕　难〔難〕　邓〔鄧〕　观〔觀〕

(5) **同音の字で代替する**
丑〔醜〕　谷〔穀〕　迁〔遷〕　后〔後〕　出〔齣〕

(6) **会意文字の原理を利用する**
尘〔塵〕　泪〔淚〕　体〔體〕　灶〔竈〕

(7) **画数の少ない古字，旧体字を採用する**
尔〔爾〕　礼〔禮〕　云〔雲〕　电〔電〕

(8) **形声文字の原理を利用する**
肤〔膚〕　护〔護〕　惊〔驚〕　邮〔郵〕

スッキリしたね

學習 → 学习
身體 → 身体
開門 → 开门
鳥龜 → 鸟龟

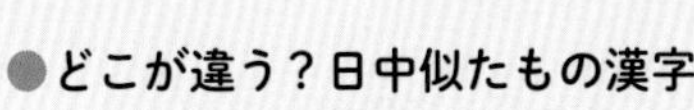

●どこが違う？日中似たもの漢字

日本の漢字と中国の“简体字”では，形のはっきり違う「書」と“书”，「機」と“机”などのほかに，一見同じに見えるものや，よく似た形のものがあります．

：圧　団　差　浅　角　歩　骨　敢　免　収　牙　強　効　巻　鼻
：压　团　差　浅　角　步　骨　敢　免　收　牙　强　效　卷　鼻

1 **母音6つを順番に書いてください。**

2 **下のピンインについて有気音にはaを、無気音にはbを（　　）に書き入れなさい。**

(1) pà （　　　）　(2) bǐ （　　　）　(3) kē （　　　）
(4) chá （　　　）　(5) jiàng （　　　）　(6) zhè （　　　）
(7) qǐng （　　　）　(8) cǎo （　　　）

3 **間違っているピンインを直してください。**

(1) uāi → ＿＿＿＿　(2) yaò → ＿＿＿＿
(3) duèi → ＿＿＿＿　(4) jǚ → ＿＿＿＿
(5) húi → ＿＿＿＿　(6) kūen → ＿＿＿＿
(7) dīu → ＿＿＿＿　(8) iǒng → ＿＿＿＿

4 **実際読むときの声調を考え、正しいものには○を、間違っているものは（　　）に正しい声調を書きなさい。**

(1) 一天 yī tiān （　　　）　(2) 一万 yì wàn （　　　）
(3) 十一 shíyī （　　　）　(4) 不来 bú lái （　　　）
(5) 不好 bù hǎo （　　　）　(6) 不去 bù qù （　　　）

5 **日本漢字音の終わりの音によって、中国語で -n になるか -ng かが判断できる。このルールに従い、〔　　〕に -n または -ng を書き、（　　）に漢字のピンインを書きなさい。**

(1) 英〔　　　〕（　　　）　(2) 送〔　　　〕（　　　）
(3) 三〔　　　〕（　　　）　(4) 山〔　　　〕（　　　）
(5) 前〔　　　〕（　　　）　(6) 生〔　　　〕（　　　）

6 **間違えやすい発音の復習です。一つでも変だと思ったら、学んだところへ戻って確認しましょう。**

(1) he は「ヘー」とは読まない。　(2) yan は「ヤン」とは読まない。
(3) qu は「ク」とは読まない。　(4) zi は「ジー」とは読まない。
(5) xia は「クシア」とは読まない。　(6) si は「シー」とは読まない。
(7) cong は「コン」とは読まない。　(8) can は「キャン」とは読まない。
(9) cao は「カオ」とは読まない。　(10) wo は「ウー」とは読まない。

Unit 2

本　編

Contents

第5课　谁呀？

Shéi ya?

新出単語

44

□01 谁 shéi 代 誰
□02 呀 ya 助 文末に置き、疑問の語気をやわらげる
□03 我 wǒ 代 私
□04 你来了 nǐ lái le 組 いらっしゃい
□05 快 kuài 形 はやい、はやく
□06 请 qǐng 動 お願いする、乞う；どうぞ〜してください
□07 进 jìn 動 入る
□08 好久不见 hǎojiǔ bú jiàn 組 お久しぶりです
□09 好 hǎo 形 いい、よい
□10 吗 ma 助 〜か
□11 还可以 hái kěyǐ 組 まあまあだ
□12 坐 zuò 動 腰掛ける
□13 谢谢 xièxie 動 ありがとう、〜に感謝する
□14 喝 hē 動 飲む
□15 什么 shénme 代 なに、なんの
□16 茶 chá 名 茶

本文 45

● 谁 呀？
Shéi ya?

○ 我。
Wǒ.

● 你 来 了，快 请 进。
Nǐ lái le, kuài qǐng jìn.

○ 好久 不 见。
Hǎojiǔ bú jiàn.

● 好久 不 见。你 好 吗？
Hǎojiǔ bú jiàn. Nǐ hǎo ma?

○ 还 可以。
Hái kěyǐ.

● 请 坐。
Qǐng zuò.

○ 谢谢。
Xièxie.

● 你 喝 什么？
Nǐ hē shénme?

○ 我 喝 茶。
Wǒ hē chá.

語法メモ

1	疑問代詞 “谁” shéi 「だれ」 “什么” shénme 「なに」
2	人称代詞 “我” wǒ 「私」 “你” nǐ 「君、あなた」
3	丁寧語 “请～” qǐng 「どうぞ～してください」
4	動詞述語文 ＳＶＯ 中国語の基本的な語順
5	“吗” 疑問文「平叙文＋“吗” ma？」 “吗”「～か」を文末につけて疑問を表す。

吃：食べる
水果：果物
咖啡：コーヒー
她：彼女

46

1 疑問代詞“谁”“什么”

谁呀？你喝什么？

谁喝茶？ Shéi hē chá? —我喝茶。 Wǒ hē chá.
谁吃水果？ Shéi chī shuǐguǒ?
你喝什么？ Nǐ hē shénme? —我喝茶。 Wǒ hē chá.
她喝什么？ Tā hē shénme? —她喝咖啡。 Tā hē kāfēi.

1 即練 中国語で言ってみましょう。

❶ 誰がコーヒーを飲みますか。

❷ 君は何を飲みますか。

47

2 人称代詞

	単数	複数
1人称	我 wǒ	我们 wǒmen / 咱们 zánmen
2人称	你 nǐ；您 nín	你们 nǐmen
3人称	他 tā　她 tā	他们 tāmen　她们 tāmen

48

点心：お菓子

3 “请”＋動詞句

请进。请坐。

请喝咖啡。 Qǐng hē kāfēi.
请吃点心。 Qǐng chī diǎnxin.

3 即練 中国語で言ってみましょう。

❶ どうぞ、お入りください。

❷ コーヒーをどうぞ。

49

4 動詞述語文　S V O

你喝什么？我喝茶。

我喝咖啡。　Wǒ hē kāfēi.

她喝可乐。　Tā hē kělè.

他不喝可乐。　Tā bù hē kělè.

可乐：コーラ

不：動詞や形容詞を否定する

4 即練　中国語で言ってみましょう。

❶ 私はコーラを飲みます。

---

❷ 私はお菓子は食べません。

50

5 “吗”疑問文

你好吗？

你喝茶吗？　Nǐ hē chá ma?

你看电视吗？　Nǐ kàn diànshì ma?

　—我看电视。　Wǒ kàn diànshì.

你认识她吗？　Nǐ rènshi tā ma?

　—不认识。　Bú rènshi.

看：見る

电视：テレビ

认识：知り合う

5 即練　例にならって、下記の疑問文に肯定と否定で答えてみましょう。

	肯定文	否定文
例 你喝茶吗？	我喝茶。	我不喝茶。
❶ 你喝可乐吗？		
❷ 她看电视吗？		
❸ 你认识她吗？		

ピンインなしで読めるか？

- 谁 呀？
- 我。
- 你 来 了，快 请 进。
- 好久 不 见。
- 好久 不 见。 你 好 吗？
- 还 可以。
- 请 坐。
- 谢谢。
- 你 喝 什么？
- 我 喝 茶。

ピンインだけで分かるか？

- Shéi ya?
- Wǒ.
- Nǐ lái le, kuài qǐng jìn.
- Hǎojiǔ bú jiàn.
- Hǎojiǔ bú jiàn. Nǐ hǎo ma?
- Hái kěyǐ.
- Qǐng zuò.
- Xièxie.
- Nǐ hē shénme?
- Wǒ hē chá.

プラスワン

51

风不吹，　浪不高，　小宝宝，　快睡觉。
Fēng bù chuī, làng bù gāo, xiǎo bǎobao, kuài shuìjiào.
（風が吹かず、波もおだやか、可愛い赤ちゃんよ、早くおやすみ）

たんご 8 きょうだい

牛奶
niúnǎi

咖啡
kāfēi

橙汁
chéngzhī

红茶
hóngchá

1. ミルク
2. コーヒー
3. オレンジジュース
4. 紅茶
5. ジャスミン茶
6. 緑茶
7. ウオーター
8. 烏龍茶

花茶
huāchá

绿茶
lǜchá

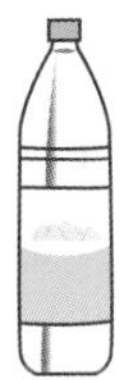

水
shuǐ

乌龙茶
wūlóngchá

いろいろな飲み物

第6课

我该走了。
Wǒ gāi zǒu le.

新出単語

52

□01 几 jǐ 代 いくつ、いくら（10までの数を予想して尋ねるのに用いる）
□02 点 diǎn 名 時（時刻の単位）
□03 了 le 助 文末に置き、変化や新事態の出現を確認する
□04 该 gāi 助動 ～すべきだ
□05 走 zǒu 動（その場から）離れる、去る
□06 再 zài 副 再び、もう一度
□07 会儿 huìr 名 しばらく、少し（口語ではhuǐrとも）
□08 吧 ba 助 語気を和らげる
□09 不了 bù le 組 やめておきます（何かを勧められて断るとき）
□10 还 hái 副 それに、その上、さらに
□11 有 yǒu 動 持つ；ある、いる
□12 课 kè 名 授業
□13 那 nà 接続 それでは、それなら
□14 送 sòng 動 見送る
□15 留步 liúbù 動 どうぞ歩みを留めてください（客が主人に「見送りはここまでで結構です」という）
□16 别 bié 副 ～するな（禁止を表す）
□17 慢走 mànzǒu 動 どうぞお気をつけて（客を見送る際の言葉）
□18 啊 a 助 文末に置かれさまざまな語気を表す
□19 再见 zàijiàn 動 さようなら

本 文 53

○ 几 点 了？
Jǐ diǎn le?

● 三 点 了。
Sān diǎn le.

○ 我 该 走 了。
Wǒ gāi zǒu le.

● 再 坐 会儿 吧。
Zài zuò huìr ba.

○ 不 了，我 还 有 课。
Bù le, wǒ hái yǒu kè.

● 那 好，我 送送 你！
Nà hǎo, wǒ sòngsong nǐ!

○ 请 留步，别 送 了。
Qǐng liúbù, bié sòng le.

● 那 你 慢走 啊。
Nà nǐ mànzǒu a.

○ 再见！
Zàijiàn!

● 再见！
Zàijiàn!

語法メモ

1	疑問代詞 “几” jǐ 「いくつ」10 以下と予想される場合に用いる
2	語気助詞 “了” le 文末に置き、変化や新事態の出現を確認する働き。「～た。～になった」
3	副詞 “再” zài 「再び、もう一度」と “还” hái 「まだ、なお、さらに」
4	“有” yǒu 構文 「もつ；ある、いる」否定は “没有” méiyou 文型：人 + 有 + 物
5	動詞の重ね型 「ちょっと～する；～してみる」

54

1 疑問代詞“几”

现在几点了？	Xiànzài jǐ diǎn le?
—六点了。	Liù diǎn le.
今天星期几？	Jīntiān xīngqī jǐ?
—星期一。	Xīngqīyī.

几点了？

现在：今
今天：今日
星期：曜日
星期一：月曜日

1 即練

❶ 中国語の零～10までの数字を言ってみましょう。

零	一	二	三	四	五	六	七	八	九	十
líng	yī	èr	sān	sì	wǔ	liù	qī	bā	jiǔ	shí

❷ 中国語の曜日は「日曜日」“星期天”を除いて、全てが数字で表現されます。「月曜日」は“星期一”です。さて、ほかの曜日は？

55

2 文末の“了”

几点了？三点了。我该走了。别送了。

五点了。	Wǔ diǎn le.
你该走了。	Nǐ gāi zǒu le.
我昨天去学校了。	Wǒ zuótiān qù xuéxiào le.
她是大学生了。	Tā shì dàxuéshēng le.

昨天：昨日
去：～へ行く
学校：学校
是：～である
大学生：大学生

2 即練 中国語で言ってみましょう。

❶ 四時になりました。

____

❷ 私は大学生になりました。

____

56

3 "有" 構文

我还有课。

她有课。 Tā yǒu kè.

我没有课。 Wǒ méiyou kè.

我还有作业。 Wǒ hái yǒu zuòyè.

没有：ない
作业：宿題
时间：時間

3 即練 例に倣って、否定文に、そして疑問文に書き換えましょう。

例 我有课。 → 我没有课。 → 你有课吗？

❶ 我有作业。 → ＿＿＿＿＿＿＿＿ → ＿＿＿＿＿＿＿＿

❷ 我有时间。 → ＿＿＿＿＿＿＿＿ → ＿＿＿＿＿＿＿＿

57

4 副詞 "再" と "还"

再喝点儿茶吧。 Zài hē diǎnr chá ba.

现在还有时间。 Xiànzài hái yǒu shíjiān.

我还有点儿钱。 Wǒ hái yǒu diǎnr qián.

点儿：少し
钱：お金

4 即練 中国語で言ってみましょう。

❶ もう少しコーヒーをどうぞ。

＿＿＿＿＿＿＿＿＿＿＿＿＿＿＿＿

❷ まだ少し時間がある。

＿＿＿＿＿＿＿＿＿＿＿＿＿＿＿＿

58

5 動詞の重ね型

我想想。 Wǒ xiǎngxiang.

你再试试。 Nǐ zài shìshi.

想：考える
试：試す

5 即練 中国語で言ってみましょう。

❶ 私は試してみます。

＿＿＿＿＿＿＿＿＿＿＿＿＿＿＿＿

❷ 君はもう一度考えてみなさい。

＿＿＿＿＿＿＿＿＿＿＿＿＿＿＿＿

ピンインなしで読めるか？

○ 几点了？
● 三点了。
○ 我该走了。
● 再坐会儿吧。
○ 不了，我还有课。
● 那好，我送送你！
○ 请留步，别送了。
● 那你慢走啊。
○ 再见！
● 再见！

ピンインだけで分かるか？

○ Jǐ diǎn le?
● Sān diǎn le.
○ Wǒ gāi zǒu le.
● Zài zuò huìr ba.
○ Bù le, wǒ hái yǒu kè.
● Nà hǎo, wǒ sòngsong nǐ!
○ Qǐng liúbù, bié sòng le.
● Nà nǐ mànzǒu a.
○ Zàijiàn!
● Zàijiàn!

音読 +1 プラスワン

59

一三五七八十腊，三十一天永不差。

Yī sān wǔ qī bā shí là,　sānshíyī tiān yǒng bú chà.

＊腊/12月のこと

（1，3，5，7，8，10，12 月，これらは永遠に三十一日です。）

注：日本は「西向く士（さむらい）246911」だが、中国は上のように大の月を言う。

たんご 8 きょうだい

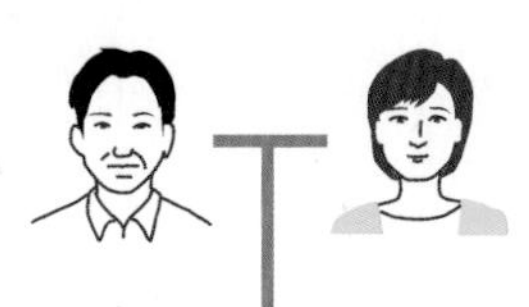 爱人 àiren	 主持人 zhǔchírén	 心上人 xīnshàngrén
 雪人 xuěrén	1. 配偶者 2. 司会者 3. 意中の人 4. 雪だるま 5. 病人 6. 恋人、愛人 7. ロボット 8. サンタクロース	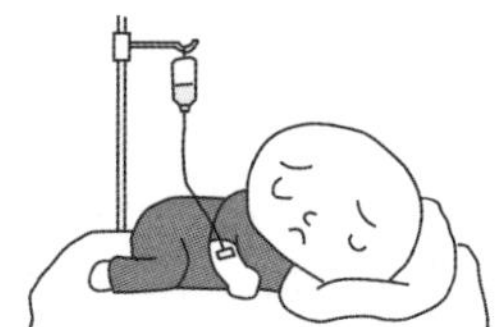 病人 bìngrén
 情人 qíngrén	 机器人 jīqìrén	 圣诞老人 shèngdàn lǎorén

いろいろな“人”

第7课　那是什么？

Nà shì shénme?

新出単語　60

- 01 那 nà 代 それ、あれ；その、あの
- 02 是 shì 動 ～である
- 03 词典 cídiǎn 名 辞書
- 04 中日 Zhōng-Rì 固 中日
- 05 的 de 助 ～の
- 06 想 xiǎng 助動 ～したい
- 07 用 yòng 動 使う
- 08 没 méi 副 ～ない（"有"の否定）
- 09 问题 wèntí 名 問題
- 10 明天 míngtiān 名 明日
- 11 还 huán 動 返却する、返済する
- 12 不 bù 副 ～ない
- 13 着急 zháojí 形 焦る、急ぐ

本 文 61

○ 那 是 什么？
Nà shì shénme?

● 那 是 词典。
Nà shì cídiǎn.

○ 什么 词典？
Shénme cídiǎn?

● 中日 词典。
Zhōng-Rì cídiǎn.

○ 谁 的 词典？
Shéi de cídiǎn?

● 我 的 词典。
Wǒ de cídiǎn.

○ 我 想 用用。
Wǒ xiǎng yòngyong.

● 没 问题。
Méi wèntí.

○ 明天 还 你。
Míngtiān huán nǐ.

● 不 着急。
Bù zháojí.

語法メモ

1	指示代詞 "那" nà　それ、あれ；その、あの
2	"是" shì 構文　"是" shì「～である」 "是" の否定形は "不是" bú shì　否定辞 "不" bù は動詞、形容詞の前に置く
3	疑問代詞 "什么" shénme　「なんの、どんな」+ 名詞
4	構造助詞 "的" de　「～の」
5	助動詞 "想" xiǎng　「～したい」

◁)) 62

1 指示代詞（I）

こ	そ	あ	ど
近称	遠称		疑問
这 zhè	那 nà		哪 nǎ

这是课本。 Zhè shì kèběn.
这不是词典。 Zhè bú shì cídiǎn.
那是你的手机吗？ Nà shì nǐ de shǒujī ma?

课本：テキスト
手机：スマホ

1 即練 中国語で言ってみましょう。

❶ これは辞書ですか。

❷ あれはだれのスマホですか。

◁)) 63

2 “是”構文

我是大学生。 Wǒ shì dàxuéshēng.
她不是老师。 Tā bú shì lǎoshī.
你是日本人吗？ Nǐ shì Rìběnrén ma?
　—对，我是日本人。 Duì, wǒ shì Rìběnrén.
你是哪国人？ Nǐ shì nǎ guó rén?

老师：先生
对：はい、そうです
哪国：どの国

2 即練 次の質問に中国語で答えてみましょう。

❶ あなた大学生ですか。

答え：

❷ あなたはどこの国の人ですか。

答え：

🔊 64

3 疑問代詞 "什么" + 名詞

什么词典?

那是什么书？ Nà shì shénme shū?

　—那是英语书。 Nà shì Yīngyǔ shū.

你喝什么茶？ Nǐ hē shénme chá?

　—乌龙茶。 Wūlóngchá.

3 即練 次の質問に中国語で答えてみましょう。

❶ これはなんの辞書ですか。

答え：＿＿＿＿＿＿＿＿＿＿＿＿

❷ それはどんなお茶ですか。

答え：＿＿＿＿＿＿＿＿＿＿＿＿

书：本

🔊 65

4 構造助詞 "的"

谁的词典？我的词典。

我的课本 wǒ de kèběn

她的电脑 tā de diànnǎo

历史系的学生 lìshǐxì de xuésheng

电脑：パソコン

历史系：史学科

🔊 66

5 助動詞 "想"

我想用用。

我想看熊猫。 Wǒ xiǎng kàn xióngmāo.

她不想睡觉。 Tā bù xiǎng shuìjiào.

你想干什么？ Nǐ xiǎng gàn shénme?

　—我想学汉语。 Wǒ xiǎng xué Hànyǔ.

5 即練 下記の言葉を用いて、したいこと / したくないことを２つずつ中国語で言ってみましょう。

学汉语　去美国　看手机　喝咖啡　吃点心　看电视

❶ 我想 ＿＿＿＿＿＿　我想 ＿＿＿＿＿＿

❷ 我不想 ＿＿＿＿＿＿　我不想 ＿＿＿＿＿＿

熊猫：パンダ

睡觉：眠る

干：する、やる

学：学ぶ

汉语：中国語

ピンインなしで読めるか？

○ 那 是 什么？

● 那 是 词典。

○ 什么 词典？

● 中日 词典。

○ 谁 的 词典？

● 我 的 词典。

○ 我 想 用用。

● 没 问题。

○ 明天 还 你。

● 不 着急。

ピンインだけで分かるか？

○ Nà shì shénme?

● Nà shì cídiǎn.

○ Shénme cídiǎn?

● Zhōng-Rì cídiǎn.

○ Shéi de cídiǎn?

● Wǒ de cídiǎn.

○ Wǒ xiǎng yòngyong.

● Méi wèntí.

○ Míngtiān huán nǐ.

● Bù zháojí.

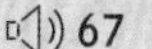

音読+1 プラスワン

🔊 67

1什么1，棍子1。 Yī shénme yī, gùnzi yī.

2什么2，鸭子2。 Èr shénme èr, yāzi èr.

3什么3，耳朵3。 Sān shénme sān, ěrduo sān.

4什么4，帆船4。 Sì shénme sì, fānchuán sì.

（1ってなあに，棒の1。2ってなあに，アヒルの2。
3ってなあに，耳の3。4ってなあに，ヨットの4。）

たんご8きょうだい

美国 Měiguó
英语 Yīngyǔ

英国 Yīngguó
英语 Yīngyǔ

法国 Fǎguó
法语 Fǎyǔ

西班牙 Xībānyá
西班牙语 Xībānyáyǔ

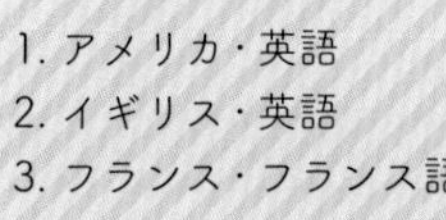

1. アメリカ・英語
2. イギリス・英語
3. フランス・フランス語
4. スペイン・スペイン語
5. ドイツ・ドイツ語
6. タイ・タイ語
7. 韓国・韓国語
8. イタリア・イタリア語

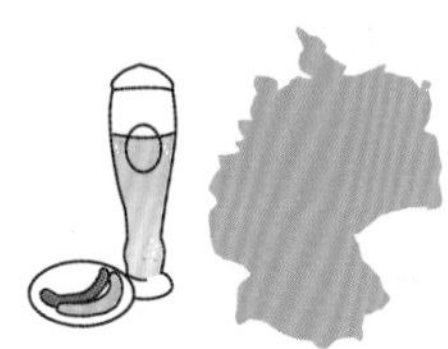

德国 Déguó
德语 Déyǔ

泰国 Tàiguó
泰语 Tàiyǔ

韩国 Hánguó
韩语 Hányǔ

意大利 Yìdàlì
意大利语 Yìdàlìyǔ

いろいろな国と言語

第8课

您 贵姓？

Nín guìxìng?

—出会いの頃1

新出単語

68

□01 **您** nín 代 （敬意をこめて）あなた
□02 **贵姓** guìxìng 名 （敬意をこめて相手の）苗字
□03 **姓** xìng 動 ～という姓である
□04 **张** Zhāng 固 張
□05 **哪个** nǎge 代 どれ、どの
□06 **弓** gōng 名 弓
□07 **长** cháng 形 長い
□08 **叫** jiào 動 ～という名前（フルネーム）である
□09 **名字** míngzi 名 名前
□10 **张蔷** Zhāng Qiáng 固 張蔷
□11 **井上** Jǐngshàng 固 井上
□12 **怎么** zěnme 代 どのように、どうして
□13 **写** xiě 動 書く
□14 **井水** jǐngshuǐ 名 井戸の水
□15 **井** jǐng 名 井戸
□16 **上下** shàngxià 名 上下

本 文 69

○ 您 贵姓？
Nín guìxìng?

● 我 姓 张。
Wǒ xìng Zhāng.

○ 哪个 **Zhāng**？
Něige Zhāng?

● 弓 长 张。
Gōng cháng Zhāng.

○ 叫 什么 名字？
Jiào shénme míngzi?

● 叫 张 蔷。你 姓 什么？
Jiào Zhāng Qiáng. Nǐ xìng shénme?

○ 姓 井上。
Xìng Jǐngshàng.

● “井上” 怎么 写？
“Jǐngshàng” zěnme xiě?

○ “井水” 的 “井”，“上下” 的 “上”。
“Jǐngshuǐ” de “jǐng”, “shàngxià” de “shàng”.

語法メモ

1	姓・名の言い方　“姓” xìng　「～という姓である」 “叫” jiào　「～という名前（フルネーム）である」
2	疑問代詞　“哪个” něige; nǎge　「どの、どれ」
3	疑問代詞　“怎么” zěnme + 動詞　方法を問う。「どのように～」

🔊 70

1 姓・名の言い方

您贵姓？我姓张。叫什么名字？叫张蔷。

您贵姓？ Nín guìxìng?
—我姓王。 Wǒ xìng Wáng.

你叫什么名字？ Nǐ jiào shénme míngzi?
—我叫王夏莲。 Wǒ jiào Wáng Xiàlián.

我不姓王，我姓汪。 Wǒ bú xìng Wáng, wǒ xìng Wāng.

1 即練

1. 下線部に自分の名前を入れて、隣の人と会話をしてみましょう。

你叫什么名字？ Nǐ jiào shénme míngzi?
—我叫佐藤惠。你呢？ Wǒ jiào Zuǒténg Huì. Nǐ ne?

我叫李明。 Wǒ jiào Lǐ Míng.
—认识你，很高兴。 Rènshi nǐ, hěn gāoxìng.

2. 下線部に自分の名前を入れて、説明できるようにしましょう。

你叫什么名字？ Nǐ jiào shénme míngzi?
—我叫铃木好惠。 Wǒ jiào Língmù Hǎohuì.

“好惠”怎么写？ “Hǎohuì” zěnme xiě?
—“友好”的“好”，“贤惠”的“惠”。
“Yǒuhǎo” de “hǎo”, “xiánhuì” de “huì”.

呢：～は？
认识：知り合う
很：とても
高兴：嬉しい

友好：友好的だ
贤惠：善良で聡明だ

中国人の姓・日本人の姓

王 Wáng / 佐藤 Zuǒténg	李 Lǐ / 铃木 Língmù	张 Zhāng / 高桥 Gāoqiáo
刘 Liú / 田中 Tiánzhōng	陈 Chén / 渡边 Dùbiān	
杨 Yáng / 伊藤 Yīténg	黄 Huáng / 山本 Shānběn	赵 Zhào / 中村 Zhōngcūn

71

2 指示代詞 (2)

哪个 Zhāng？

こ	そ	あ	ど
近称	遠称		疑問
这个 zhège; zhèige	那个 nàge; nèige		哪个 nǎge; něige

我买这个。 Wǒ mǎi zhèige.

这个书包不是我的。 Zhèige shūbāo bú shì wǒ de.

你是哪个系的？ Nǐ shì něige xì de?

—经济系的。 Jīngjìxì de.

▶ 目的語になるときは“个”ge が付く。 ○你吃哪个? ×你吃哪?
（第 7 課 語法ポイント 1 指示代詞を参照）

买：買う
书包：カバン
系：学部、学科
经济：経済

2 即練 次の質問に中国語で答えてみましょう。

❶ 你买哪个？

答え：＿＿＿＿＿＿＿＿＿＿

❷ 你是哪个系的学生？

答え：＿＿＿＿＿＿＿＿＿＿

72

3 疑問代詞“怎么”+ 動詞

怎么写？

怎么办？ Zěnme bàn?

—这么办。 Zhème bàn.

你的名字怎么念？ Nǐ de míngzi zěnme niàn?

办：する、やる
这么：このように
念：(声に出して)
読む、音読する

3 即練 中国語で言ってみましょう。

❶ どうやって行きますか。

＿＿＿＿＿＿＿＿＿＿

❷ お名前どうやって書きますか。

＿＿＿＿＿＿＿＿＿＿

ピンインなしで読めるか？

○ 您贵姓？
● 我姓张。
○ 哪个 Zhāng?
● 弓长张。
○ 叫什么名字？
● 叫张蔷。你姓什么？
○ 姓井上。
● “井上”怎么写？
○ “井水”的“井”，“上下”的“上”。

ピンインだけで分かるか？

○ Nín guìxìng?
● Wǒ xìng Zhāng.
○ Něige Zhāng?
● Gōng cháng Zhāng.
○ Jiào shénme míngzi?
● Jiào Zhāng Qiáng. Nǐ xìng shénme?
○ Xìng Jǐngshàng.
● “Jǐngshàng” zěnme xiě?
○ “Jǐngshuǐ” de “jǐng”, “shàngxià” de “shàng”.

音読+1 プラスワン

🔊73

爸爸的爸爸叫什么? Bàba de bàba jiào shénme?

爸爸的爸爸叫爷爷。 Bàba de bàba jiào yéye.

妈妈的爸爸叫什么? Māma de bàba jiào shénme?

妈妈的爸爸叫姥爷。 Māma de bàba jiào lǎoye.

（父の父はなんと言いますか、父の父は“爷爷”といいます。
母の父は何と言いますか。母の父は“姥爷”と言います）

☞次の第 9 課に家族の図が出ている。それを見ながら“妈妈的妈妈叫什么?”などを訊ね合ってみよう。

たんご 8 きょうだい

诸葛亮
Zhūgě Liàng

曹操
Cáo Cāo

司马迁
Sīmǎ Qiān

李白
Lǐ Bái

1. 諸葛亮
2. 曹操
3. 司馬遷
4. 李白
5. 杜甫
6. 孫文
7. 毛沢東
8. 周恩来

杜甫
Dù Fǔ

孙文
Sūn Wén

毛泽东
Máo Zédōng

周恩来
Zhōu Ēnlái

知ってる中国人

1 **声をだして、習った語句およびピンインを再読しなさい。**

⑴ 好久不见　请进　请坐　请喝茶

⑵ 几点了？　还有课　请留步　请慢走　再见

⑶ Hái kěyǐ.　Méi wèntí.　Bù zháojí.　Wǒ sòngsong nǐ.

⑷ Nín guìxìng?　Jiào shénme míngzi?　Zěnme xiě?

2 **下から疑問詞を選び（　　）に入れ、会話を完成しなさい。**

谁　哪个　什么　几　哪国　怎么

⑴ 那是（　　　）书？　—那是英语书。

⑵ 井上是（　　　）人？　—她是日本人。

⑶ 你是（　　　）系的学生？　—我是经济系的学生。

⑷ （　　　）喝茶？　—我喝茶。

⑸ 你的名字（　　　）写？　—这么写。

⑹ 明天星期（　　　）？　—星期一。

3 **日本語の意味になるように、（　　）の語句を並べ替えなさい。**

⑴ 私はコーヒーを飲みます。（我 / 咖啡 / 喝）

→ ______________________________。

⑵ あれは君のスマホですか。（你的 / 吗 / 手机 / 是）

→ 那 ______________________________？

⑶ 昨日彼女は学校に行きました。（去 / 她 / 了 / 学校）

→ 昨天 ______________________________。

⑷ 私の苗字は張で、張蔷といいます。（张 / 张蔷 / 叫 / 姓）

→ 我 ______________________________。

4 **声を出して、次の文章を朗読してください。**

井上是日本人，张蔷是中国人。她们是同学。今天井上有课，张蔷没有课。井上没有中日词典，她想用用张蔷的中日词典。（同学 tóngxué / クラスメート）

Unit 3

本　編

Contents

第9课 你多大？

Nǐ duō dà?

—出会いの頃 2

新出単語 🔈74

□01	**多** duō 代 どれぐらい	□10	**今天** jīntiān 名 今日
□02	**大** dà 形 大きい（年齢も表す）	□11	**明天** míngtiān 名 明日
□03	**兄弟** xiōngdì 名 兄弟	□12	**就** jiù 副 すぐに、じきに
□04	**个** ge 量 個（最も広く用いられる量詞）	□13	**到** dào 動 着く、達する
□05	**姐妹** jiěmèi 名 姉妹	□14	**啦** la 助 "了" le と "啊" a の合音で、ここでは感嘆の意を表す
□06	**俩** liǎ 数量 （口語）二人、二つ	□15	**祝** zhù 動 祈る、祝う
□07	**什么时候** shénme shíhou 組 いつ	□16	**快乐** kuàilè 形 楽しい
□08	**过** guò 動 祝う、過ごす、暮らす	□17	**祝贺** zhùhè 動 祝賀する、祝う
□09	**生日** shēngrì 名 誕生日		

本 文 75

● 你 多 大？
Nǐ duō dà?

○ 我 十八。
Wǒ shíbā.

● 兄弟 几 个？
Xiōngdì jǐ ge?

○ 姐妹 俩。
Jiěmèi liǎ.

● 什么 时候 过 生日？
Shénme shíhou guò shēngrì?

○ 九月 二十八。
Jiǔyuè èrshíbā.

● 今天 二十七。
Jīntiān èrshíqī.

○ 明天 就 到 啦。
Míngtiān jiù dào la.

● 祝 你 生日 快乐！
Zhù nǐ shēngrì kuàilè!

○ 谢谢 你 的 祝贺！
Xièxie nǐ de zhùhè!

語法メモ

1	年齢の聞き方・答え方
2	“什么时候” shénme shíhou 「いつ」
3	年月日の言い方
4	副詞 “就” jiù 「すぐに、間をおかず」

76

1 年齢の聞き方・答え方

你多大？我十八。

你今年多大？ Nǐ jīnnián duō dà?
〈同世代の人や目下の人に〉
—我今年十八岁。 Wǒ jīnnián shíbā suì.

你几岁了？ Nǐ jǐ suì le?〈小さな子供に〉
—我五岁了。 Wǒ wǔ suì le.

您多大年纪了？ Nín duō dà niánjì le?〈年配の方や目上の人に〉
—六十六了。 Liùshíliù le.

岁：歳（量詞）
年纪：年齢

1 即練 答えにふさわしい年齢の聞き方を書いてみましょう。

❶ ＿＿＿＿＿＿＿＿＿＿＿＿＿＿＿？
我八岁。

❷ ＿＿＿＿＿＿＿＿＿＿＿＿＿＿＿？
今天刚好20岁。

❸ ＿＿＿＿＿＿＿＿＿＿＿＿＿＿＿？
70岁了。

刚好 gānghǎo：ちょうど

77

2 “什么时候”

什么时候过生日？

什么时候还我？ Shénme shíhou huán wǒ?
什么时候放假？ Shénme shíhou fàngjià?
— 7月25号。 Qīyuè èrshíwǔ hào.
她什么时候来？ Tā shénme shíhou lái?

放假：休みになる

2 即練 中国語で言ってみましょう。

❶ 君はいつ行くの？

＿＿＿＿＿＿＿＿＿＿＿＿＿＿＿

❷ いつ辞書を買いますか？

＿＿＿＿＿＿＿＿＿＿＿＿＿＿＿

❸ いつお誕生日を祝いますか？

＿＿＿＿＿＿＿＿＿＿＿＿＿＿＿

🔊78

3 年月日の言い方

2030 年 7 月 24 号 èr líng sān líng nián qīyuè èrshísì hào

一月 yīyuè　二月 èryuè … 十一月 shíyīyuè　十二月 shí'èryuè

一号 yī hào　二号 èr hào … 三十号 sānshí hào　三十一号 sānshíyī hào

今天几月几号星期几？ Jīntiān jǐ yuè jǐ hào xīngqī jǐ?

去年 qùnián	今年 jīnnián	明年 míngnián
昨天 zuótiān	今天 jīntiān	明天 míngtiān
上星期 shàng xīngqī	这星期 zhè xīngqī	下星期 xià xīngqī
上个月 shàng ge yuè	这个月 zhè ge yuè	下个月 xià ge yuè

今天 6 月 9 号星期三。 Jīntiān liùyuè jiǔ hào xīngqīsān.

我的生日 9 月 17 号。 Wǒ de shēngrì jiǔyuè shíqī hào.

3 即練 実際の情況に照らして、中国語で答えてみましょう。

❶ 今日は何日ですか。

答え：＿＿＿＿＿＿＿＿＿＿＿＿＿＿＿＿

❷ お誕生日は何月何日ですか。

答え：＿＿＿＿＿＿＿＿＿＿＿＿＿＿＿＿

❸ 今日は何曜日ですか。

答え：＿＿＿＿＿＿＿＿＿＿＿＿＿＿＿＿

🔊79

4 副詞 "就" jiù

什么时候出发？ Shénme shíhou chūfā?

—马上就出发。 Mǎshàng jiù chūfā.

明天就到啦。

李老师一会儿就到。 Lǐ lǎoshī yíhuìr jiù dào.

你等等，我就来。 Nǐ děngdeng, wǒ jiù lái.

出发：出発する
马上：すぐに
一会儿：すぐ、まもなく
等：待つ

ピンインなしで読めるか？

- 你 多 大？
- 我 十八。
- 兄弟 几 个？
- 姐妹 俩。
- 什么 时候 过 生日？
- 九月 二十八。
- 今天 二十七。
- 明天 就 到 啦。
- 祝 你 生日 快乐！
- 谢谢 你 的 祝贺！

ピンインだけで分かるか？

- Nǐ duō dà?
- Wǒ shíbā.
- Xiōngdì jǐ ge?
- Jiěmèi liǎ.
- Shénme shíhou guò shēngrì?
- Jiǔyuè èrshíbā.
- Jīntiān èrshíqī.
- Míngtiān jiù dào la.
- Zhù nǐ shēngrì kuàilè!
- Xièxie nǐ de zhùhè!

プラスワン

80

十八的姑娘一朵花，　眉毛弯弯眼睛大。

Shíbā de gūniang yì duǒ huā, méimao wānwān yǎnjing dà.

（18の娘は一輪の花。三日月のような眉に大きな眼）

私の家族

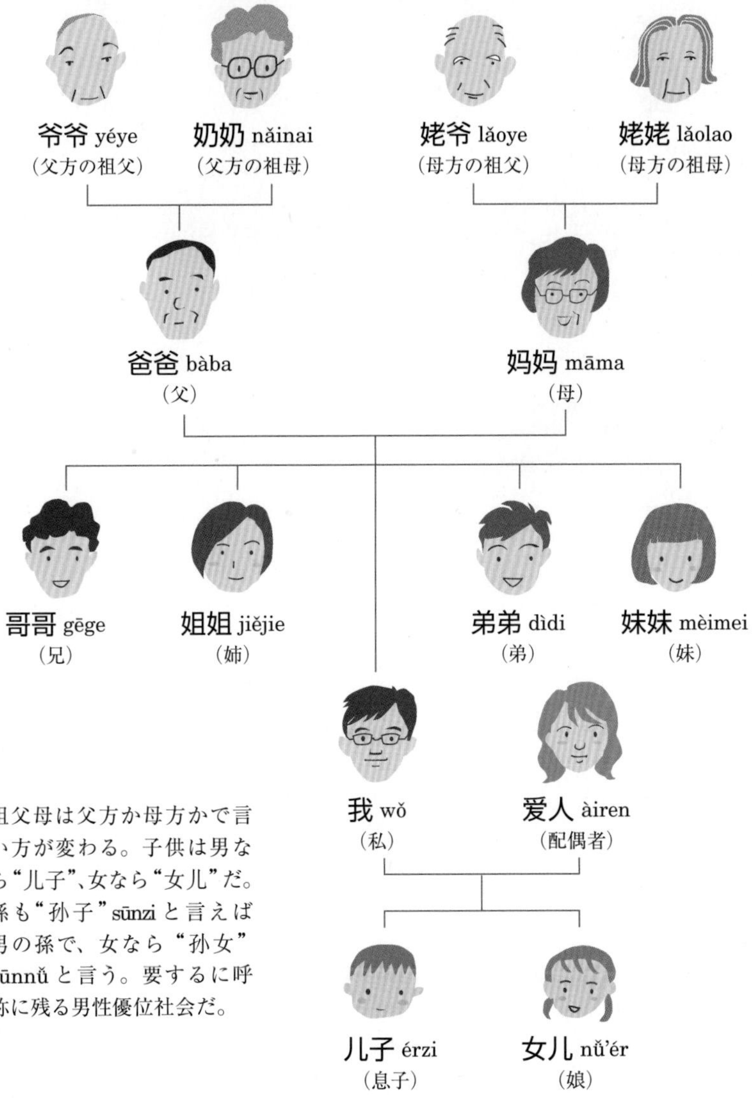

爷爷 yéye（父方の祖父）

奶奶 nǎinai（父方の祖母）

姥爷 lǎoye（母方の祖父）

姥姥 lǎolao（母方の祖母）

爸爸 bàba（父）

妈妈 māma（母）

哥哥 gēge（兄）

姐姐 jiějie（姉）

弟弟 dìdi（弟）

妹妹 mèimei（妹）

我 wǒ（私）

爱人 àiren（配偶者）

儿子 érzi（息子）

女儿 nǚ'ér（娘）

祖父母は父方か母方かで言い方が変わる。子供は男なら“儿子”、女なら“女儿”だ。孫も“孙子”sūnzi と言えば男の孫で、女なら“孙女”sūnnǚ と言う。要するに呼称に残る男性優位社会だ。

第10课 你不胖。

Nǐ bú pàng

新出単語　　81

□01 很 hěn 副 とても
□02 胖 pàng 形 太っている
□03 不 bù 副 ～ない
□04 矮 ǎi 形 (背が)低い
□05 笨 bèn 形 不器用である、おろかである
□06 也 yě 副 ～も
□07 有点儿 yǒudiǎnr 副 すこし、いささか(主に望ましくないことに)
□08 小气 xiǎoqi 形 けちである
□09 一点儿 yìdiǎnr 数量 すこし
□10 非常 fēicháng 副 非常に
□11 固执 gùzhi 形 頑固な
□12 对 duì 形 その通り、正しい

本文 82

● 我 很 胖。
Wǒ hěn pàng.

○ 你 不 胖。
Nǐ bú pàng.

● 我 矮 吗？
Wǒ ǎi ma?

○ 你 不 矮。
Nǐ bù ǎi.

● 我 笨 不 笨？
Wǒ bèn bu bèn?

○ 你 也 不 笨。
Nǐ yě bú bèn.

● 我 有点儿 小气。
Wǒ yǒudiǎnr xiǎoqi.

○ 你 一点儿 也 不 小气。
Nǐ yìdiǎnr yě bù xiǎoqi.

● 我 非常 固执。
Wǒ fēicháng gùzhi.

○ 对，你 有点儿 固执。
Duì, nǐ yǒudiǎnr gùzhi.

語法メモ

1	**形容詞述語文　「主語＋很＋形容詞」形容詞の否定は“不”bù による。** **英語のbe動詞に相当するものは不要だが、肯定の平叙文では形容詞述語の前に程度副詞“很”を置く。**
2	**反復疑問文　述語の「肯定形＋否定形」からなる。“吗”ma はつけない。**
3	**副詞“也”yě　「～も」**
4	**“有点儿”yǒudiǎnr＋形容詞「ちょっと、いささか」；形容詞＋“一点儿”yìdiǎnr「（比べてみると）少し～」；“一点儿也不”yìdiǎnr yě bù＋形容詞「ちっとも～でない」**

83

漂亮：きれいだ
真：本当に
不太：
それほど～ない
性格：性格
怎么样：どうですか

1 形容詞述語文

我很胖。你不胖。

你很漂亮。 Nǐ hěn piàoliang.
她不胖。 Tā bú pàng.
你真固执。 Nǐ zhēn gùzhi.
他不太小气。 Tā bú tài xiǎoqi.

我的性格怎么样？ Wǒ de xìnggé zěnmeyàng?
—你的性格很好。 Nǐ de xìnggé hěn hǎo.

1 即練 中国語で言ってみましょう。

❶ 彼女はきれいです。

❷ あなたは太っていないよ。

❸ 彼は本当に頑固ですね。

84

贵：値段が高い
男朋友：
ボーイフレンド
女朋友：
ガールフレンド

2 反復疑問文

我笨不笨？

北京大不大？ Běijīng dà bu dà?
你的手机贵不贵？ Nǐ de shǒujī guì bu guì?
她有没有男朋友？ Tā yǒu méiyǒu nánpéngyou?
你们是不是历史系的？ Nǐmen shì bu shì lìshǐxì de?

2 即練 下記の“吗”疑問文を反復疑問文に直してみましょう。

❶ 我胖吗？

→

❷ 你是日本人吗？

→

❸ 你有中日词典吗？

→

🔊 85

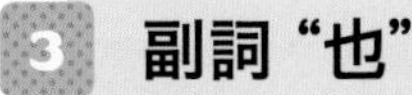

3 副詞“也”

我笨不笨？

我不高，你也不高。 Wǒ bù gāo, nǐ yě bù gāo.
你不矮，也不笨。 Nǐ bù ǎi , yě bú bèn.
她也是留学生。 Tā yě shì liúxuéshēng.
你也有汉语课吗？ Nǐ yě yǒu Hànyǔ kè ma?

＊你也有没有汉语课？（副詞は反復疑問文中に用いられません）

高：背が高い
留学生：留学生

3 即練 中国語で言ってみましょう。

❶ 私も背が高くない。

____

❷ 彼女も来ますか。

____

❸ あなたも留学生ですか。

____

🔊 86

4 “有点儿”；“一点儿”；“一点儿也不”

我有点儿胖。 Wǒ yǒudiǎnr pàng.
她男朋友有点儿矮。 Tā nánpéngyou yǒudiǎnr ǎi.
你瘦一点儿，她胖一点儿。 Nǐ shòu yìdiǎnr, tā pàng yìdiǎnr.
你一点儿也不笨。 Nǐ yìdiǎnr yě bú bèn.
汉语一点儿也不难。 Hànyǔ yìdiǎnr yě bù nán.
再喝点儿吧。＝再喝一点儿吧。〈動詞の後ではよく“一”を省略する〉

瘦：痩せている
难：難しい

4 即練 下線部に“一点儿”か“有点儿”を入れてみましょう。

❶ 汉语 ______________ 难。
❸ 汉语难 ______________ 。
❷ 再吃 ______________ 点心吧。
❹ 你 ______________ 也不小气。

ピンインなしで読めるか？

- 我 很 胖。
- 你 不 胖。
- 我 矮 吗？
- 你 不 矮。
- 我 笨 不 笨？
- 你 也 不 笨。
- 我 有点儿 小气。
- 你 一点儿 也 不 小气。
- 我 非常 固执。
- 对，你 有点儿 固执。

ピンインだけで分かるか？

- Wǒ hěn pàng.
- Nǐ bú pàng.
- Wǒ ǎi ma?
- Nǐ bù ǎi.
- Wǒ bèn bu bèn?
- Nǐ yě bú bèn.
- Wǒ yǒudiǎnr xiǎoqi.
- Nǐ yìdiǎnr yě bù xiǎoqi.
- Wǒ fēicháng gùzhi.
- Duì, nǐ yǒudiǎnr gùzhi.

音読+1 プラスワン

🔊87

太阳大，地球小，	Tàiyang dà, dìqiú xiǎo,
地球绕着太阳跑。	Dìqiú ràozhe tàiyang pǎo.
地球大，月亮小，	Dìqiú dà, yuèliang xiǎo,
月亮绕着地球跑。	Yuèliang ràozhe dìqiú pǎo.

（太陽は大きく、地球は小さい、地球は太陽の周りを回る。
地球は大きく、月は小さい、月は地球の周りを回る。）

たんご8きょうだい

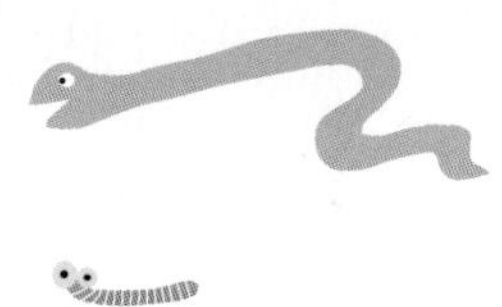

长 cháng
短 duǎn

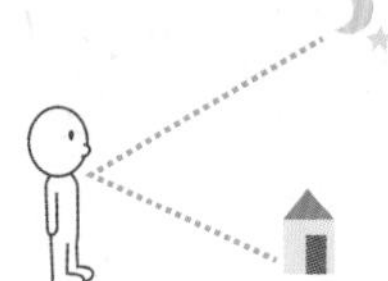

远 yuǎn
近 jìn

快 kuài
慢 màn

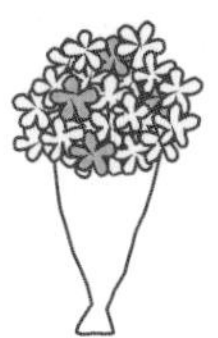

多 duō
少 shǎo

1. 長い / 短い
2. 遠い / 近い
3. (スピードが)速い / 遅い
4. 多い / 少ない
5. (値段が)高い / 安い
6. 大きい / 小さい
7. 難しい / 易しい
8. きれいだ / 汚い

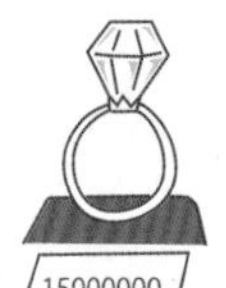

贵 guì
便宜 piányi

大 dà
小 xiǎo

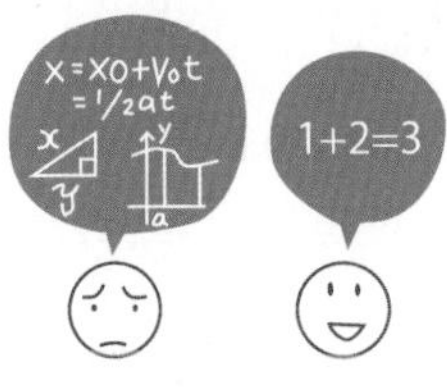

难 nán
容易 róngyi

干净 gānjìng
脏 zāng

ペアの形容詞

第11课 你去哪儿？

Nǐ qù nǎr?

新出単語

88

- □ 01 去 qù 動 行く
- □ 02 哪儿 nǎr 代 どこ
- □ 03 星巴克 Xīngbākè 固 スターバックス
- □ 04 几 jǐ 代 いくつ、いくら
- □ 05 点 diǎn 名 時
- □ 06 两 liǎng 数 （2時、二つを数えるときなどの）2を表す
- □ 07 多 duō 数 ～あまり
- □ 08 干吗 gànmá 代 何をする
- □ 09 会客 huìkè 動 客に会う
- □ 10 怎么 zěnme 代 どう、どのように
- □ 11 开车 kāichē 動 運転する
- □ 12 回 huí 動 帰る、戻る
- □ 13 事 shì 名 事柄、用事

本文 89

● 你 去 哪儿？
Nǐ qù nǎr?

○ 星巴克。
Xīngbākè.

● 几 点 去？
Jǐ diǎn qù?

○ 两 点 多。
Liǎng diǎn duō.

● 去 干吗？
Qù gànmá?

○ 去 会客。
Qù huìkè.

● 怎么 去？
Zěnme qù?

○ 我 开车。
Wǒ kāichē.

● 几 点 回？
Jǐ diǎn huí?

○ 有 事 吗？
Yǒu shì ma?

語法メモ

1	疑問代詞 "哪儿" nǎr 「どこ」
2	時刻の言い方
3	連動文　動作のおこる順に動詞を並べる。
4	有事吗？Yǒu shì ma? 「用事があるか」

語法ポイント

🔊 90

1 疑問代詞 "哪儿" nǎr

场所代詞

こ	そ	あ	ど
近称	遠称		疑問
这儿 / 这里 zhèr / zhèli	那儿 / 那里 nàr / nàli		哪儿 / 哪里 nǎr / nǎli

＊哪里 nǎli は náli と読む

你去哪儿？ Nǐ qù nǎr?
　—我去图书馆。 Wǒ qù túshūguǎn.
那里是车站。 Nàli shì chēzhàn.
我来这儿吃饭。 Wǒ lái zhèr chīfàn.

图书馆：図書館
车站：駅
吃饭：食事をする

1 即練 中国語で言ってみましょう。

❶ 私はあそこへ行きます。

❷ ここは図書館です。

🔊 91

2 時刻の言い方

现在几点？ Xiànzài jǐ diǎn?

2：05　两点零五分 liǎng diǎn líng wǔ fēn
1：15　一点一刻 yì diǎn yí kè ／ 一点十五分 yì diǎn shíwǔ fēn
3：30　三点半 sān diǎn bàn
4：45　四点三刻 sì diǎn sān kè
5：55　差五分六点 chà wǔ fēn liù diǎn

刻：15 分を表す。
"三刻" なら 45 分
差：差がある

2 即練 時計を見て、その時刻を中国語で言ってみましょう。

❶ 
6：30

❷ 
14：45

❸ 
9：05

❹ 
2：10

🔊92

3 連動文

去干吗？去会客。

我去上课。 Wǒ qù shàngkè.
我不去打工。 Wǒ bú qù dǎgōng.
她来新宿买东西。 Tā lái Xīnsù mǎi dōngxi.

3 即練 下記の単語を用いて、連動文を作りましょう。

我、她；去、来；买东西、打工；新宿、便利店

❶ ____________________

❷ ____________________

🔊93

4 有事吗？

一起去玩儿吧？ Yìqǐ qù wánr ba?
—我还有事。 Wǒ hái yǒu shì.

你今晚有事吗？ Nǐ jīnwǎn yǒu shì ma?
—没事。 Méi shì.

4 即練 中国語で言ってみましょう。

❶ 用事がありますか？

____

❷ 私は今日用事があります。

____

上课：授業に出る
打工：バイトをする
买东西：買い物する
便利店：コンビニ

一起：一緒に
玩儿：遊ぶ
今晚：今晩

ピンインなしで読めるか？

- ● 你 去 哪儿？
- ○ 星巴克。
- ● 几 点 去？
- ○ 两 点 多。
- ● 去 干吗？
- ○ 去 会客。
- ● 怎么 去？
- ○ 我 开车。
- ● 几 点 回？
- ○ 有 事 吗？

ピンインだけで分かるか？

- ● Nǐ qù nǎr?
- ○ Xīngbākè.
- ● Jǐ diǎn qù?
- ○ Liǎng diǎn duō.
- ● Qù gànmá?
- ○ Qù huìkè.
- ● Zěnme qù?
- ○ Wǒ kāichē.
- ● Jǐ diǎn huí?
- ○ Yǒu shì ma?

音読 +1 プラスワン

◁)) 94

青蛙：　我有两个名字，小时候叫蝌蚪，
Qīngwā:　Wǒ yǒu liǎng ge míngzi, xǎo shíhou jiào kēdǒu,

长大了叫青蛙。
zhǎngdà le jiào qīngwā.

竹子：　我也有两个名字，小时候叫竹笋，
Zhúzi:　Wǒ yě yǒu liǎng ge míngzi, xiǎo shíhou jiào zhúsǔn,

长大了叫竹子。
zhǎngdà le jiào zhúzi.

（蛙：ぼくには2つ名前がある。子供のときはオタマジャクシ，大きくなると蛙だ。
竹：おいらにも2つの名前がある。小さいときは筍，大人になると竹さ。）

たんご8きょうだい

麦当劳
Màidāngláo

全家
Quánjiā

罗森
Luósēn

肯德基
Kěndéjī

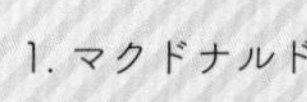

1. マクドナルド
2. ファミリーマート
3. ローソン
4. ケンタッキー
5. ウォルマート
6. スターバックス
7. ピザハット
8. セブンイレブン

沃尔玛
Wò'ěrmǎ

星巴克
Xīngbākè

必胜客
Bìshèngkè

7-ELEVEN
Qī-shíyī

いろいろな店

第12课 你家在哪里?

Nǐ jiā zài nǎli?

新出単語

🔈 95

□ 01 家 jiā 名 家
□ 02 在 zài 動 いる、ある
□ 03 哪里 nǎli 代 どこ
□ 04 麻布十番 Mábù shífān 固 麻布十番
□ 05 离 lí 前置 ～から（二点間のへだたりを表す）
□ 06 这儿 zhèr 代 ここ
□ 07 远 yuǎn 形 遠い
□ 08 坐 zuò 動 乗る、座る
□ 09 车 chē 名 車
□ 10 小时 xiǎoshí 名 時間
□ 11 中午 zhōngwǔ 名 昼
□ 12 去 qù 動 行く
□ 13 咖喱饭 gālífàn 名 カレーライス
□ 14 刚 gāng 副 ～たばかり
□ 15 三明治 sānmíngzhì 名 サンドイッチ
□ 16 晚上 wǎnshang 名 夜
□ 17 看 kàn 動 見る
□ 18 电影 diànyǐng 名 映画
□ 19 今晚 jīnwǎn 名 今晩
□ 20 得 děi 助動 ～しなければならない
□ 21 游泳 yóuyǒng 動 泳ぐ

本文 96

● 你 家 在 哪里？
Nǐ jiā zài nǎli?

○ 东京 麻布 十番。
Dōngjīng Mábù shífān.

● 离 这儿 远 不 远？
Lí zhèr yuǎn bu yuǎn?

○ 坐 车 半 小时。
Zuò chē bàn xiǎoshí.

● 中午 去 吃 咖喱饭 吧。
Zhōngwǔ qù chī gālífàn ba.

○ 我 刚 吃了 三明治。
Wǒ gāng chīle sānmíngzhì.

● 晚上 去 不 去 看 电影？
Wǎnshang qù bu qù kàn diànyǐng?

○ 今晚 我 得 去 游泳。
Jīnwǎn wǒ děi qù yóuyǒng.

語法メモ

1	存在を表す動詞“在”zài 「いる、ある」
2	前置詞“离”lí 「へだたり」を表す
3	助詞“吧”ba 語気を和らげる
4	実現や完了を表すアスペクト助詞“了”le 「動詞＋了」の形で、「〜た、〜たら」否定形は「“没”méi＋動詞」で、“了”は消える。
5	助動詞“得”děi 「“得”＋V」で「〜なければならない」 否定は“不用”búyòng “不得”bù děi は用いない。

97

1 存在を表す動詞“在”

你家在哪里?

我家在东京。 Wǒ jiā zài Dōngjīng.
井上不在教室。 Jǐngshàng bú zài jiàoshì.
词典在桌子上。 Cídiǎn zài zhuōzi shang.

教室：教室
桌子上：机の上

1 即練 絵を見て、「人・もの＋在＋場所」で言ってみましょう。

星巴克

我

图书馆

井上

桌子上

点心

98

2 前置詞“离”

离这儿远不远?

你家离学校远不远？ Nǐ jiā lí xuéxiào yuǎn bu yuǎn?
—不太远。 Bú tài yuǎn.
这里离超市很近。 Zhèli lí chāoshì hěn jìn.

超市：スーパー

2 即練 中国語で言ってみましょう。

❶ 私の家はスーパーから遠くない。

___

❷ 学校は駅から近い。

___

99

3 助詞“吧”

中午去吃咖喱饭吧。

晚上去看电影吧。 Wǎnshang qù kàn diànyǐng ba.
你是新来的小李吧？ Nǐ shì xīn lái de Xiǎo Lǐ ba?
您先吃吧。 Nín xiān chī ba.

▶“吧”の有無で語気が変わる。

新来的：新しく来た
先：先に

3 即練 下記の文の"吧"の意味はどれでしょう。記号で答えなさい。

A：ましょう〈勧誘〉 B：でしょう〈推測〉 C：～てください〈軽い命令〉

❶ 你下午再来吧。 （　　）
❷ 一起去新宿玩儿吧。 （　　）
❸ 你是新来的留学生吧？ （　　）
❹ 您试试吧。 （　　）

100

4 実現や完了を表すアスペクト助詞"了"

我刚吃了三明治。

我买了一本书。 Wǒ mǎile yì běn shū.
他没买书。 Tā méi mǎi shū.
我给她打了三个电话。 Wǒ gěi tā dǎle sān ge diànhuà.
买了书就回家了。 Mǎile shū jiù huí jiā le.
吃了饭我去游泳。 Chīle fàn wǒ qù yóuyǒng.

本：冊（量詞）
给：～に（前置）
打电话：電話をする
回家：家に帰る
杯：杯（量詞）

4 即練 例に倣って、下記の疑問文に肯定と否定で答えなさい。

	肯定文	否定文
例 你喝茶了吗？（一杯）	我喝了一杯 (bēi) 茶。	我没喝茶。
❶ 你买词典了吗。（两本）		
❷ 她打电话了吗？（两个）		

101

5 助動詞"得" děi

今晚我得去游泳。

下了课我得去打工。
Xiàle kè wǒ děi qù dǎgōng.
今晚她不用去游泳。 Jīnwǎn tā búyòng qù yóuyǒng.

下课：
授業が終わる

5 即練 中国語で言ってみましょう。

❶ 君はあすバイトにいかなくていい。

❷ 授業が終わったら泳ぎに行かなくては。

ピンインなしで読めるか？

● 你 家 在 哪里？
○ 东京 麻布 十番。
● 离 这儿 远 不 远？
○ 坐 车 半 小时。
● 中午 去 吃 咖喱饭 吧。
○ 我 刚 吃了 三明治。
● 晚上 去 不 去 看 电影？
○ 今晚 我 得 去 游泳。

ピンインだけで分かるか？

● Nǐ jiā zài nǎli?
○ Dōngjīng Mábù shífān.
● Lí zhèr yuǎn bu yuǎn?
○ Zuò chē bàn xiǎoshí.
● Zhōngwǔ qù chī gālífàn ba.
○ Wǒ gāng chīle sānmíngzhì.
● Wǎnshang qù bu qù kàn diànyǐng?
○ Jīnwǎn wǒ děi qù yóuyǒng.

プラスワン

102

做早操 Zuò zǎocāo

早上空气真叫好， Zǎoshang kōngqì zhēn jiào hǎo, （朝の空気は本当にいい）
我们都来做早操。 wǒmen dōu lái zuò zǎocāo. （みんな朝の体操をしよう）
伸伸手，弯弯腰， Shēnshen shǒu, wānwan yāo, （手を伸ばし、腰をまげて）
踢踢腿，蹦蹦跳， tīti tuǐ, bèngbeng tiào, （足を伸ばし、両足でとぶ）
天天锻炼身体好。 tiāntiān duànliàn shēntǐ hǎo. （毎日鍛えて丈夫な体に）

たんご 8 きょうだい

饺子
jiǎozi

包子
bāozi

米饭
mǐfàn

面包
miànbāo

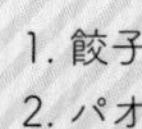
1. 餃子
2. パオズ
3. ご飯
4. パン
5. お寿司
6. 牛丼
7. ピザ
8. ハンバーガー

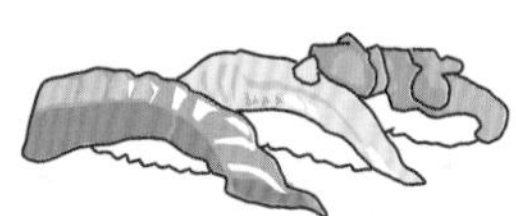
寿司
shòusī

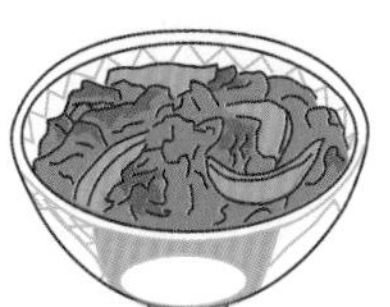
牛肉饭
niúròufàn

比萨
bǐsà

汉堡包
hànbǎobāo

いろいろな食べ物

1 **声をだして、習った語句およびピンインを再読しなさい。**

(1) 你多大？　姐妹俩　生日快乐　你不胖　你也不笨

(2) 你去哪儿？　几点去？　你家在哪里？　离这儿远不远？

(3) Shénme shíhou?　Wǒ ài ma?　Xīngbākè　Mábù shífān

(4) chī gālífàn　qù kàn diànyǐng　sānmíngzhì　guò shēngrì

2 **下から言葉を選び（　　）に入れ、会話を完成しなさい。（重複可）**

什么　什么时候　几　哪儿　多大

(1) 你家在（　　　）？　— 我家在东京。

(2) 咱们（　　　）点去星巴客？　— 三点去吧。

(3) 你今年（　　　）？　— 我 19 岁。

(4) 你（　　　）去游泳？　— 星期三。

(5) 中午你想吃（　　　）？　— 我想吃三明治。

(6) 你姐妹（　　　）个？　— 我没有姐妹，我是独生女。

〈独生女 dúshēngnǚ：独りっ子（女の子）〉

3 **日本語の意味になるように、（　　）の語句を並べ替えなさい。**

(1) 学校は駅から遠いですか。（学校 / 车站 / 离 / 远不远？）

→ ________________________________？

(2) 井上さんは教室にはいません。（井上 / 在 / 教室 / 不）

→ ________________________________。

(3) 昨日彼女は本を２冊買いました。（她 / 买 / 本 / 两 / 书 / 了）

→ 昨天 ________________________________。

(4) 授業が終わったら泳ぎに行かなくては。（下 / 得 / 去 / 课 / 我 / 了）

→ ________________________________ 游泳。

4 **声を出して、次の文章を朗読してください。**

井上今年 18 岁，很高，很漂亮。张蔷今年 20 岁，她不太高，她很可爱。井上家在东京麻布十番，离学校不远。今天井上去星巴克会客，她开车去。张蔷吃了咖喱饭去看电影了。（可爱 kě'ài / 可愛い）

Unite 4

本　編

Contents

第13课 暑假 打算 做 什么？

Shǔjià dǎsuan zuò shénme?

Unit 4

新出単語

103

□01 **在** zài 副「"在"＋V＋O」の形で，～している（進行）
□02 **干** gàn 動 する、やる
□03 **呢** ne 助「疑問文＋呢」で、答えを促す気分を表し、また特定の「平叙文＋呢」で、動作や状態の継続を表す用法がある
□04 **上网** shàngwǎng 動 インターネットをする
□05 **马上** mǎshàng 副 すぐに、ただちに
□06 **要～了** yào～le 組 もうすぐ～になる
□07 **放假** fàngjià 動 休む、休暇に入る
□08 **暑假** shǔjià 名 夏休み
□09 **打算** dǎsuan 助動 ～するつもりだ、～する予定である
□10 **做** zuò 動 する、やる
□11 **京都** Jīngdū 固 京都
□12 **还** hái 副 まだ
□13 **过** guo 助 ～たことがある
□14 **一起** yìqǐ 副 一緒に
□15 **让** ràng 動 ～に…させる
□16 **考虑** kǎolǜ 動 考える、考慮する

本文 104

● 你 在 干 什么 呢？
Nǐ zài gàn shénme ne?

○ 我 在 上网 呢。
Wǒ zài shàngwǎng ne.

● 马上 就 要 放假 了。
Mǎshàng jiù yào fàngjià le.

○ 暑假 打算 做 什么？
Shǔjià dǎsuan zuò shénme?

● 我 想 去 京都。
Wǒ xiǎng qù Jīngdū.

○ 我 还 没 去过。
Wǒ hái méi qùguo.

● 想 不 想 一起 去？
Xiǎng bu xiǎng yìqǐ qù?

○ 让 我 考虑考虑。
Ràng wǒ kǎolǜkǎolǜ.

語法メモ

1	進行形 "在" zài + V + O + "呢" ne 「～しているところだ」
2	三つの "在" zài ① 動詞「ある、いる」 「"在" + 場所語」 ② 前置詞「～で」 「"在" + 場所語 + V + O」 ③ 副詞「～している」 「"在" + V + O」
3	"就要～了" jiù yào~le 「もうすぐ～になる」
4	助詞 "过" guo 「V + 过」で、「～したことがある」経験を表す。 否定は「"没" méi + V + "过"」（"过" は残る）
5	"让" ràng 使役文 「～させる」 否定は "不让" bú ràng

小说：小説
背：暗誦する
课文：教科書の本文
正在：
ちょうど～している

105

1 進行形 "在"+VO+"呢"

我在上网呢。

我在写小说呢。 Wǒ zài xiě xiǎoshuō ne.
她在干什么呢？ Tā zài gàn shénme ne?
—她在背课文呢。 Tā zài bèi kèwén ne.
我们正在上课呢。 Wǒmen zhèngzài shàngkè ne.

1 即練 中国語で言ってみましょう。

❶ 私は英語を勉強しています。

❷ 彼女は泳いでいるところです。

106

2 三つの "在"

我在上网呢。

動詞	词典在桌子上。	Cídiǎn zài zhuōzi shang.
前置詞	我在图书馆看书。	Wǒ zài túshūguǎn kàn shū.
副詞	她在上网呢。	Tā zài shàngwǎng ne.

2 即練 "在"の品詞を言い、そして日本語で意味を言ってみましょう。

❶ 我在星巴客。 （ ）
❷ 我在喝咖啡呢。 （ ）
❸ 我在星巴客喝咖啡。（ ）

放：休みになる
开演：開演する

107

3 "就要～了"

马上就要放假了。

马上就要放暑假了。 Mǎshàng jiù yào fàng shǔjià le.
电影就要开演了。 Diànyǐng jiù yào kāiyǎn le.

3 即練 中国語で言ってみましょう。

❶ まもなく授業が始まります。

---

❷ まもなく学校が終わります。

（学校が終わる / 放学 fàngxué）

108

4 助詞“过”

我还没去过。

我去过京都。 Wǒ qùguo Jīngdū.
她还没吃过寿司。 Tā hái méi chīguo shòusī.
你爬过富士山没有？ Nǐ páguo Fùshìshān méiyou?
—我没爬过。 Wǒ méi páguo.

寿司：お寿司
爬：登る
富士山：富士山

4 即練 下記の文に肯定と否定で答えましょう。

	肯定	否定
例 你学过汉语吗？	我学过汉语。	我没学过汉语。
❶ 你去过京都吗？		
❷ 你喝过花茶没有？		

109

5 “让”使役文

让我考虑考虑。

让我想想。 Ràng wǒ xiǎngxiang.
老师让我们写报告。 Lǎoshī ràng wǒmen xiě bàogào.
妈妈不让我染发。 Māma bú ràng wǒ rǎnfà.

报告：レポート
染发：髪を染める

5 即練 つぎの言葉を用いて、使役文を作りましょう。

❶ 我 / 妹妹 / 买词典

---

❷ 妈妈 / 我 / 每天上网（否定形で）

ピンインなしで読めるか？

- 你 在 干 什么 呢？
- 我 在 上网 呢。
- 马上 就 要 放假 了。
- 暑假 打算 做 什么？
- 我 想 去 京都。
- 我 还 没 去过。
- 想 不 想 一起 去？
- 让 我 考虑考虑。

ピンインだけで分かるか？

- Nǐ zài gàn shénme ne?
- Wǒ zài shàngwǎng ne.
- Mǎshàng jiù yào fàngjià le.
- Shǔjià dǎsuan zuò shénme?
- Wǒ xiǎng qù Jīngdū.
- Wǒ hái méi qùguo.
- Xiǎng bu xiǎng yìqǐ qù?
- Ràng wǒ kǎolùkǎolù.

プラスワン

110

格言

一寸光阴一寸金，　寸金难买寸光阴。
Yí cùn guāngyīn yí cùn jīn,　cùn jīn nán mǎi cùn guāngyīn.
（短い時間も一寸の金ほど貴い、わずかな時間も 1 寸の金では買えない → 時は金なり）

たんご 8 きょうだい

图书馆
túshūguǎn

美术馆
měishùguǎn

博物馆
bówùguǎn

体育馆
tǐyùguǎn

1. 図書館
2. 美術館
3. 博物館
4. 体育館
5. 大使館
6. ホテル
7. カフェ
8. 茶館

大使馆
dàshǐguǎn

宾馆
bīnguǎn

咖啡馆
kāfēiguǎn

茶馆
cháguǎn

いろいろな“馆”

第14课 服务员，点菜！

Fúwùyuán, diǎncài!

unit 4

新出単語

111

□ 01 **服务员** fúwùyuán [名] ホテル·料理店·商店などの店員、従業員

□ 02 **点菜** diǎncài [動] 料理を注文する

□ 03 **唉** āi [感嘆] 呼ばれて返事をするときに、また同意するときに用いる

□ 04 **喽** lou [感嘆] ～よ！（相手の注意を促し、景気をつける気分をかもし出す）

□ 05 **个** ge [量] 個

□ 06 **蛋炒饭** dànchǎofàn [名]（卵入り）チャーハン

□ 07 **鸡蛋** jīdàn [名] 卵

□ 08 **刚** gāng [副] ～したばかり

□ 09 **用完** yòngwán [動] 使い終わる（"完"は使い切る、食べ終わるなど「～し尽す」を表す）

□ 10 **笼** lóng [名] せいろ（ここでは量詞として用いる）

□ 11 **小笼包** xiǎolóngbāo [名] ショウロンポー（小籠包）

□ 12 **猪肉** zhūròu [名] 豚肉

□ 13 **买到** mǎidào [動] 購入する（"到"は目的に達する意の結果補語）

□ 14 **瓶** píng [量] 瓶

□ 15 **冰镇** bīngzhèn [形] 冷えた

□ 16 **可乐** kělè [名] コーラ

□ 17 **只** zhǐ [副] ただ

□ 18 **馒头** mántou [名]（中国式）蒸しパン

本文 112

● 服务员，点菜！
Fúwùyuán, diǎncài!

● 唉，来喽！
Āi, lái lou!

○ 一个蛋炒饭。
Yí ge dànchǎofàn.

● 鸡蛋刚用完。
Jīdàn gāng yòngwán.

○ 一笼小笼包。
Yì lóng xiǎolóngbāo.

● 今天猪肉没买到。
Jīntiān zhūròu méi mǎidào.

○ 两瓶冰镇可乐。
Liǎng píng bīngzhèn kělè.

● 冰镇的没有。
Bīngzhèn de méiyou.

○ 你们有什么？
Nǐmen yǒu shénme?

● 只有大馒头。
Zhǐ yǒu dà mántou.

● 我们走吧。
Wǒmen zǒu ba.

語法メモ

1	量詞　「一冊の本」の「冊」にあたる助数詞のこと
2	副詞“刚”gāng　「～したばかり」
3	結果補語　「動詞＋補語（動詞／形容詞）」で動作の結果を表す
4	副詞“只”zhǐ　「ただ～だけ」

113

1 量詞

一个　两瓶

一个学生　yí ge xuésheng
两本书　liǎng běn shū〈数量を表すとき→"两"〉
三张桌子　sān zhāng zhuōzi
四把伞　sì bǎ sǎn
五件衣服　wǔ jiàn yīfu
六部手机　liù bù shǒujī
七台电脑　qī tái diànnǎo
八只熊猫　bā zhī xióngmāo

这个菜真好吃。　Zhège cài zhēn hǎochī.
这两把伞都是我的。　Zhè liǎng bǎ sǎn dōu shì wǒ de.

电脑：パソコン
伞：傘
衣服：洋服
好吃：おいしい
都：みんな

1 即練　絵を見て、(　　)に適当な語を入れましょう。

❶ ❷ ❸ ❹

	数詞	量詞	名詞		数詞	量詞	名詞
❶	(　　)	(　　)	(　　)	❷	(　　)	(　　)	(　　)
❸	(　　)	(　　)	(　　)	❹	(　　)	(　　)	(　　)

114

2 副詞"刚"

鸡蛋刚用完。

李老师刚走。　Lǐ lǎoshī gāng zǒu.
我刚起床。　Wǒ gāng qǐchuáng.
我们刚认识。　Wǒmen gāng rènshi.

起床：起床する

2 即練　中国語で言ってみましょう。

❶ 彼女たちは知り合ったばかりです。

____

❷ 彼は起きたばかりです。

____

115

3 結果補語

刚用完　没买到

钱用完了。　Qián yòngwán le.
衣服洗干净了。　Yīfu xǐgānjìng le.
你听懂了吗？　Nǐ tīngdǒng le ma?
机票还没买到。　Jīpiào hái méi mǎidào.
名字你写错了。　Míngzi nǐ xiěcuò le.
我没看清楚。　Wǒ méi kànqīngchu.

洗：洗う
干净：きれいだ
听：聞く；懂：分かる
机票：航空券
错：間違っている
清楚：はっきりしている

3 即練 日本語の意味に合うように、(　　)に結果補語を入れましょう。

好	干净	懂	完	到	错	清楚

1. 买（　　　　）了。　買って手に入れました。
2. 听（　　　　）了。　聞き間違えた。
3. 写（　　　　）了。　はっきり書きました。
4. 没听（　　　　）。　聞き取れなかった。
5. 没用（　　　　）。　使い切っていない。
6. 没洗（　　　　）。　きれいに洗っていない。

116

4 副詞“只”

只有大馒头。

今天只有蛋炒饭。　Jīntiān zhǐ yǒu dànchǎofàn.
没有红酒，只有啤酒。　Méiyou hóngjiǔ, zhǐ yǒu píjiǔ.

红酒：赤ワイン
啤酒：ビール

4 即練 中国語で言ってみましょう。

1. 私はつめたいコーラしか飲まない。

2. 今日は小籠包しかない。

3. ここに傘は二本しかない。

ピンインなしで読めるか？

- 服务员，点菜！
- 唉，来 喽！
- 一 个 蛋炒饭。
- 鸡蛋 刚 用完。
- 一 笼 小笼包。
- 今天 猪肉 没 买到。
- 两 瓶 冰镇 可乐。
- 冰镇 的 没有。
- 你们 有 什么？
- 只 有 大 馒头。
- 我们 走 吧。

ピンインだけで分かるか？

- Fúwùyuán, diǎncài!
- Āi, lái lou!
- Yí ge dànchǎofàn.
- Jīdàn gāng yòngwán.
- Yì lóng xiǎolóngbāo.
- Jīntiān zhūròu méi mǎidào.
- Liǎng píng bīngzhèn kělè.
- Bīngzhèn de méiyou.
- Nǐmen yǒu shénme?
- Zhǐ yǒu dà mántou.
- Wǒmen zǒu ba.

音読+1 プラスワン

117

一只青蛙一张嘴，两只眼睛四条腿，扑通一声跳下水。
Yì zhī qīngwā yì zhāng zuǐ, liǎng zhī yǎnjing sì tiáo tuǐ, pūtōng yì shēng tiàoxià shuǐ.
（一匹の蛙は口が一つ、目が二つで足が四本、ぽちゃんと水に飛び込んだ）

两只青蛙两张嘴，四只眼睛八条腿，扑通扑通跳下水。
Liǎng zhī qīngwā liǎng zhāng zuǐ, sì zhī yǎnjing bā tiáo tuǐ, pūtōng pūtōng tiàoxià shuǐ.
（二匹の蛙は口が二つ、目が四つで足が八、ぽちゃんぽちゃんと水に飛び込んだ）

たんご8きょうだい

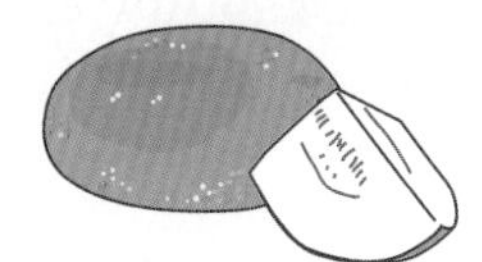 冬瓜 dōngguā	 西瓜 xīguā	 南瓜 nánguā
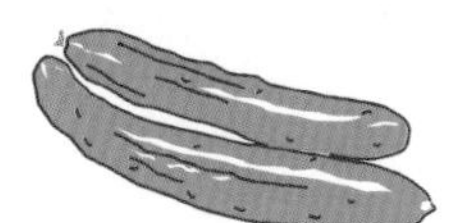 黄瓜 huánggua	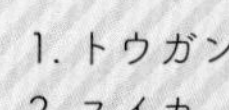 1. トウガン 2. スイカ 3. カボチャ 4. キュウリ 5. サツマイモ 6. ニガウリ 7. パパイア 8. 愚か者	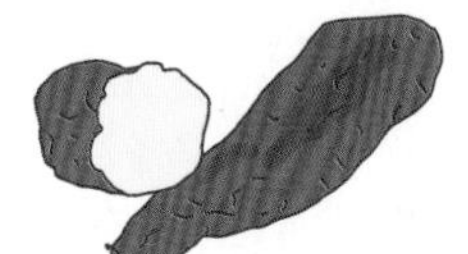 地瓜 dìguā
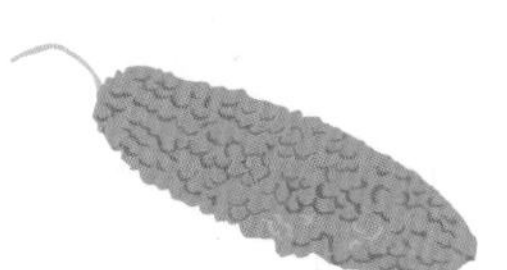 苦瓜 kǔguā	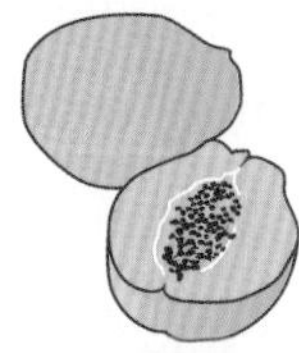 木瓜 mùguā	 傻瓜 shǎguā

いろいろな“瓜”

第15课 唱得 真 棒！

Chàngde zhēn bàng!

Unit 4

新出単語

118

□01 **该** gāi 動 ～が～する番だ

□02 **唱** chàng 動 歌う

□03 **献丑** xiànchǒu 動 （謙遜して言う）つたない芸をお目にかける、お粗末ながら披露する

□04 **哇** wā 感 わ～！感心したり、驚いたりするときに用いる

□05 **得** de 助 動詞や形容詞の後に用い、結果・程度を表す補語を導く

□06 **棒** bàng 形 素晴らしい、優れている

□07 **哪里** nǎli 謙辞 （自分へのほめ言葉や感謝の言葉に対して、否定の気持ちを表して謙遜する。重ねて用いることが多い）どういたしまして、いえいえ、とんでもない

□08 **经常** jīngcháng 副 いつも、つねに

□09 **周** zhōu 名 週

□10 **次** cì 量 回、度

□11 **当** dāng 動 ～になる、～を務める

□12 **歌手** gēshǒu 名 歌手

□13 **差** chà 形 隔たりがある、差がある、劣れる

□14 **差得远** chàdeyuǎn 組 まだまだです。（褒められて謙遜して）

□15 **呢** ne 助 事実を確認したり、相手に事実はこうだと認めさせる語気を表す

□16 **高兴** gāoxìng 形 嬉しい

□17 **卡拉OK** kǎlāOK 名 カラオケ

□18 **过瘾** guòyǐn 形 堪能する、十分に満足する

本 文

119

● 该 你 唱 了。
Gāi nǐ chàng le.

○ 那 我 献丑 了。
Nà wǒ xiànchǒu le.

● 哇！ 唱得 真 棒！
Wā! Chàngde zhēn bàng!

○ 哪里 哪里。
Nǎli nǎli.

● 经常 唱 吗？
Jīngcháng chàng ma?

○ 一 周 两 次。
Yì zhōu liǎng cì.

● 你 当 歌手 吧。
Nǐ dāng gēshǒu ba.

○ 还 差得远 呢。
Hái chàdeyuǎn ne.

● 今天 玩儿得 真 高兴。
Jīntiān wánrde zhēn gāoxìng.

○ 卡拉OK 真 过瘾！
KǎlāOK zhēn guòyǐn!

語法メモ

1	"该～了" gāi~le 「（後に人を表す名詞がきて）～が～する番だ」
2	接続詞 "那" 「それなら、それでは」
3	様態補語 "得" de を用いて補語を導く「V＋"得"」の形で「Vのしかたが～だ」「Vの結果～だ」
4	時間の量　時間の長さを表す
5	時量補語　S＋V＋時量補語＋(O)

語法ポイント

🔊120

1 "该～了"

该你唱了。

1) 動詞「～する番だ」

该我唱了。 Gāi wǒ chàng le.

该你背课文了。 Gāi nǐ bèi kèwén le.

2) 助動詞「～すべきだ」「～する時間だ」

别玩儿了，该写作业了。 Bié wánr le, gāi xiě zuòyè le.

该吃药了。 Gāi chī yào le.

背：暗誦する
课文：テキストの本文

药：薬

1 即練 中国語で言ってみましょう。

❶ 君が発言する番です。（発言 / 发言 fāyán）

❷ もう食事の時間です。

🔊121

2 接続詞"那"

那我献丑了。

那你尝一尝。 Nǐ cháng yi cháng.

那你听一听，是什么歌？ Nǐ tīng yi tīng, shì shénme gē?

尝：味見をする
歌：歌
「V一V」：動詞の重ね型。短音節のみ

2 即練 中国語で言ってみましょう。（「V一V」を用いて）

❶ それなら私はちょっと味見をします。

❷ それでは彼女に試させて。

🔊122

3 様態補語

唱得真棒！今天玩儿得真高兴。

你唱得真棒！
Nǐ chàngde zhēn bàng!

她说得很流利。 Tā shuōde hěn liúlì.

昨天玩儿得真过瘾。 Zuótiān wánrde zhēn guòyǐn.

我打网球打得不好。 Wǒ dǎ wǎngqiú dǎde bù hǎo.

说：話す
流利：流暢だ
打网球：テニスをする

3 即練 絵をみながら、例にならい話してみましょう。

例 ❶ ❷ ❸

例 说汉语 / 快（井上）→ 井上说汉语说得很快。→ 井上说汉语说得不快。

❶ 打网球 / 好（他） → ＿＿＿＿＿＿＿＿ → ＿＿＿＿＿＿＿＿

❷ 唱歌 / 好（李明） → ＿＿＿＿＿＿＿＿ → ＿＿＿＿＿＿＿＿

❸ 吃饭 / 慢（妹妹） → ＿＿＿＿＿＿＿＿ → ＿＿＿＿＿＿＿＿

123

4 時間の量

一周

一个小时 yí ge xiǎoshí	两天 liǎng tiān
一个星期 yí ge xīngqī	两周 liǎng zhōu
三个月 sān ge yuè	四年 sì nián

124

5 時量補語 動詞の後に置く

每天睡 8 个小时。 Měitiān shuì bā ge xiǎoshí.
我学了半年汉语。 Wǒ xuéle bàn nián Hànyǔ.

每天：毎日
睡：寝る

5 即練 日本語の意味に合うよう、語句を並べてみましょう。

❶ 我 / 每天 / 7个小时 / 睡。 （私は毎日 7 時間寝ます）

→ ＿＿＿＿＿＿＿＿＿＿＿＿＿＿＿＿

❷ 我 / 英语 / 6年 / 学了。 （私は英語を 6 年間勉強した）

→ ＿＿＿＿＿＿＿＿＿＿＿＿＿＿＿＿

❸ 每天 / 一个小时 / 卡拉 OK / 唱。 （毎日 1 時間カラオケを歌います）

→ ＿＿＿＿＿＿＿＿＿＿＿＿＿＿＿＿

ピンインなしで読めるか？

- 该 你 唱 了。
- 那 我 献丑 了。
- 哇！唱得 真 棒！
- 哪里 哪里。
- 经常 唱 吗？
- 一 周 两 次。
- 你 当 歌手 吧。
- 还 差得远 呢。
- 今天 玩儿得 真 高兴。
- 卡拉 OK 真 过瘾！

ピンインだけで分かるか？

- Gāi nǐ chàng le.
- Nà wǒ xiànchǒu le.
- Wā! Chàngde zhēn bàng!
- Nǎli nǎli.
- Jīngcháng chàng ma?
- Yì zhōu liǎng cì.
- Nǐ dāng gēshǒu ba.
- Hái chàdeyuǎn ne.
- Jīntiān wánrde zhēn gāoxìng.
- KǎlāOK zhēn guòyǐn!

音読+1 プラスワン

125

早口言葉

蛙和瓜 Wā hé guā（蛙とスイカ）

绿青蛙，叫呱呱，	Lǜ qīngwā, jiào guāguā,	（青い蛙はケロケロ鳴いた）
蹦到地里看西瓜。	Bèngdao dìli kàn xīguā.	（畑まで来て西瓜と対面）
西瓜夸蛙唱得好，	Xīguā kuā wā chàngde hǎo,	（西瓜はほめる蛙さん歌が上手だね）
蛙夸西瓜长得大。	Wā kuā xīguā zhǎngde dà.	（蛙はほめる西瓜さんは大きいね）

たんご8きょうだい

汽车
qìchē

火车
huǒchē

公交车
gōngjiāochē

自行车
zìxíngchē

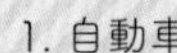

1. 自動車
2. 汽車、列車
3. バス
4. 自転車
5. バイク
6. タクシー
7. 救急車
8. 風車

摩托车
mótuōchē

出租车
chūzūchē

救护车
jiùhùchē

风车
fēngchē

いろいろな"车"

第16课

谁 教 你们 汉语?
Shéi jiāo nǐmen Hànyǔ?

Unit 4

新出単語

126

- □01 **难** nán 形 難しい
- □02 **汉字** Hànzì 名 漢字
- □03 **简单** jiǎndān 形 簡単な、易しい
- □04 **发音** fāyīn 名 発音
- □05 **教** jiāo 動 教える
- □06 **大个子** dà gèzi 組 背が高い人
- □07 **字** zì 名 字
- □08 **哎呀** āiya 感 あらまあ、おやおや（驚いたり、意外に思ったりするときに発する言葉）
- □09 **下** xià 動（雨や雪が）降る
- □10 **雨** yǔ 名 雨
- □11 **糟糕** zāogāo 形（話し言葉で）しまった！いけない、大変だ
- □12 **带** dài 動 持つ、携帯する
- □13 **咱** zán 代 私たち
- □14 **那边** nàbiān 代 そこ、そちら；あそこ、あちら
- □15 **躲** duǒ 動 よける、避ける
- □16 **要不** yàobù 接 さもなければ、でなければ、でないと
- □17 **就** jiù 副 ～ならば～だ
- □18 **被** bèi 前置（受身文で用いられ）～られる
- □19 **淋湿** línshī 動（雨に）ぬれた

本文 127

● 汉语 难 不 难？
Hànyǔ nán bu nán?

○ 汉字 简单 发音 难。
Hànzì jiǎndān fāyīn nán.

● 谁 教 你们 汉语？
Shéi jiāo nǐmen Hànyǔ?

○ 大 个子 陈 老师。
Dà gèzi Chén lǎoshī.

● 教得 怎么样？
Jiāode zěnmeyàng?

○ 两 个 字：真 棒！
Liǎng ge zì : Zhēn bàng!

● 哎呀，下 雨 了。
Āiya, xià yǔ le.

○ 糟糕，没 带 伞。
Zāogāo, méi dài sǎn.

● 咱 去 那边 躲 一 躲？
Zán qù nàbian duǒ yi duǒ?

○ 好，要不 就 被 淋湿 了。
Hǎo, yàobù jiù bèi línshī le.

語法メモ

1	二重目的語　S + V + O_1（人）+ O_2（事物）
2	存現文　自然現象の表し方　「V + 主体」動詞が先
3	“要不就～” yàobù jiù~　「さもなければ～」
4	“被” bèi 受身文「受け手 + 被 +（行為者）+ V + α」「～れる、～られる」、本文では行為者 “雨” yǔ が省略されている

◁)) 128

1 二重目的語

谁教你们汉语？

李老师教我们汉语。 Lǐ lǎoshī jiāo wǒmen Hànyǔ.

告诉你一个秘密。 Gàosu nǐ yí ge mìmì.

她给了我一个礼物。 Tā gěile wǒ yí ge lǐwù.

告诉：教える
秘密：秘密
给：あげる
礼物：プレゼント

1 即練 中国語で言ってみましょう。

❶ あなたは私に水泳を教えてください。

____

❷ 彼はガールフレンドにプレゼントを贈った。

____

◁)) 129

2 存現文

下雨了！

打雷了。 Dǎ léi le.

刮风了。 Guā fēng le.

下雪了。 Xià xuě le.

出太阳了。 Chū tàiyang le.

来客人了。 Lái kèren le.

打雷：雷がなる
刮风：風が吹く
下雪：雪が降る
出太阳：日が出る
客人：お客

2 即練 中国語で言ってみましょう。

❶ 雪が降った　❷ 雨が降った　❸ 日が出た　❹ 雷がなった

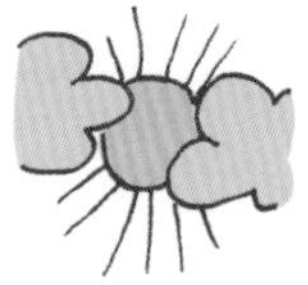

❶ ________________　❷ ________________

❸ ________________　❹ ________________

130

3 "要不就～"

要不就被淋湿了。

快躲躲雨，要不就被淋湿了。
Kuài duǒduo yǔ, yàobù jiù bèi línshī le.

快走吧，要不就迟到了。Kuài zǒu ba, yàobù jiù chídào le.
快买啦，要不就卖完了。Kuài mǎi la, yàobù jiù màiwán le.

131

4 "被"受身文

要不就被淋湿了。

〈平叙文〉	〈受身文〉
她吃完了那个蛋糕。 Tā chīwánle nàge dàngāo.	那个蛋糕被她吃完了。 Nàge dàngāo bèi tā chīwán le.
她拒绝了他。 Tā jùjuéle tā.	他被她拒绝了。 Tā bèi tā jùjué le.
公司没有录取他。 Gōngsī méiyou lùqǔ tā.	他没有被公司录取。 Tā méiyou bèi gōngsī lùqǔ.

4 即練 例にならい、下の文を受身文になおし、さらに日本語に訳しましょう。

例 弟弟吃了我的蛋糕。→ 我的蛋糕被弟弟吃了。
（訳：私のケーキは弟に食べられた）

❶ 我发现了她的秘密。→ ______________________
（訳：　　　　　　　　　　　　　　　）

❷ 老师没有批评井上。→ ______________________
（訳：　　　　　　　　　　　　　　　）

❸ 张蔷借走了我的书。→ ______________________
（訳：　　　　　　　　　　　　　　　）

迟到：遅刻する
卖：売る

蛋糕：ケーキ
拒绝：拒絶する

公司：会社
录取：採用する

发现 fāxiàn：発見する
批评 pīpíng：叱る
借走 jièzǒu：借りていく

ピンインなしで読めるか？

- 汉语 难 不 难？
- 汉字 简单 发音 难。
- 谁 教 你们 汉语？
- 大 个子 陈 老师。
- 教得 怎么样？
- 两 个 字：真 棒！
- 哎呀，下 雨 了。
- 糟糕，没 带 伞。
- 咱 去 那边 躲 一 躲？
- 好，要不 就 被 淋湿 了。

ピンインだけで分かるか？

- Hànyǔ nán bu nán?
- Hànzì jiǎndān fāyīn nán.
- Shéi jiāo nǐmen Hànyǔ?
- Dà gèzi Chén lǎoshī.
- Jiāode zěnmeyàng?
- Liǎng ge zì: Zhēn bàng!
- Āiya, xià yǔ le.
- Zāogāo, méi dài sǎn.
- Zán qù nàbian duǒ yi duǒ?
- Hǎo, yàobù jiù bèi línshī le.

音読 +1 プラスワン　◁)) 132

童謡

下雨了 Xià yǔ le

下雨了，哗哗哗；	Xià yǔ le, huāhuāhuā;	（雨が降ってる、ざあざあざあ）
打雷了，轰隆隆；	Dǎ léi le, hōnglōnglōng;	（雷が鳴った、ごろごろごろ）
刮风了，呼呼呼；	Guā fēng le, hūhūhū;	（風が吹いた、ヒューヒューヒュー）
小河流水哗啦啦。	Xiǎohé liú shuǐ huālālā.	（小川が流れる、サラサラサラ）

たんご8きょうだい

医生
yīshēng

护士
hùshi

厨师
chúshī

律师
lǜshī

1. 医者
2. 看護師
3. コック
4. 弁護士
5. 通訳
6. 運転手
7. 販売員
8. サラリーマン

翻译
fānyì

司机
sījī

售货员
shòuhuòyuán

公司职员
gōngsī zhíyuán

いろいろな職業

1 声をだして、習った語句およびピンインを再読しなさい。

(1) 京都　下雨了　点菜　上网　唱卡拉 OK

(2) 唱得真棒　哪里哪里　玩儿得真高兴

(3) dà gèzi　Zěnmeyàng?　Liǎng píng bīngzhèn kělè.

(4) Zhēn bàng!　Hái chàdeyuǎn ne.　Zāogāo!

2 下から言葉を選び（　）に入れ、会話を完成しなさい。（重複可）

在　过　得　打算　到　完

(1) 你去（　　）北京吗？　—当然，去（　　）两次呢。

(2) 你汉语说（　　）真棒！　—哪里哪里。还差得远呢。

(3) 她现在（　　）干什么呢？　—我也不知道。

(4) 去法国的机票买（　　）了吗？　—买（　　）了。

(5) 作业做（　　）了没有？　—还没有做（　　）。

(6) 你晚上（　　）干什么？　—我想去游泳。

3 日本語の意味になるように、（　）の語句を並べ替えなさい。

(1) 母は一人で行かせてくれない。（我 / 一个人 / 去 / 让 / 不）

→ 妈妈 ＿＿＿＿＿＿＿＿＿＿＿＿＿＿＿＿。

(2) 鍵は見つかりましたか。（钥匙 yàoshi / 找 / 到 / 了）

→ ＿＿＿＿＿＿＿＿＿＿＿＿＿＿＿＿吗？

(3) 昨日は本当に楽しく遊びました。（昨天 / 真 / 高兴 / 玩儿 / 得）

→ ＿＿＿＿＿＿＿＿＿＿＿＿＿＿＿＿。

(4) 昨日佐藤さんは先生に怒られました。（佐藤 / 老师 / 批评 / 被 / 了）

→ 昨天 ＿＿＿＿＿＿＿＿＿＿＿＿＿＿＿＿。

4 声を出して、次の文章を朗読してください。

张蔷和井上一起去唱卡啦 OK，井上唱得很棒。她们又去吃饭，点了几个菜，但是都卖完了。教井上汉语的是大个子陈老师，陈老师教得很棒。张蔷没去过京都，暑假她打算去京都玩儿。井上也没有去过京都，张蔷想和井上一起去，井上说让她考虑考虑。

（但是 dànshì / しかし；卖 mài / 売る）

Unit 5

本 編

Contents

第17课 老师 进来 了。
Lǎoshī jìnlai le.

Unit 5

新出単語

🔊133

□01 头疼 tóuténg 形 頭がいたい
□02 回 huí 動 帰る、戻る
□03 怎么 zěnme 代 どうして、なぜ
□04 这么 zhème 代 こんなに、このように
□05 静 jìng 形 静かだ
□06 坐 zuò 動 座る
□07 进来 jìnlai 動 入ってくる
□08 手 shǒu 名 手
□09 里 lǐ 方位 ～の中
□10 拿 ná 動 持つ
□11 着 zhe 助 ～ている
□12 考试 kǎoshì 名·動 試験(をする)
□13 卷子 juànzi 名 答案用紙
□14 难道 nándào 副 まさか
□15 又 yòu 副 また
□16 忘记 wàngjì 動 忘れる

本 文 134

● 李 明 呢？
Lǐ Míng ne?

○ 头疼，回 家 去 了。
Tóuténg, huí jiā qù le.

● 田中 呢？
Tiánzhōng ne?

○ 他 还 没 来 呢。
Tā hái méi lái ne.

● 今天 怎么 这么 静？
Jīntiān zěnme zhème jìng?

○ 快 坐好，老师 进来 了。
Kuài zuòhǎo, lǎoshī jìnlai le.

● 他 手里 拿着 什么？
Tā shǒuli názhe shénme?

○ 考试 卷子 吧。
Kǎoshì juànzi ba.

● 难道 今天 有 考试？！
Nándào jīntiān yǒu kǎoshì?!

○ 难道 你 又 忘记 了？！
Nándào nǐ yòu wàngjì le?!

語法メモ

1	指示代詞 “这么” zhème 「こんなに、このように」
2	方向補語　動作の方向を表し、方向動詞が担う。“进来”「入ってくる」の “来” がこれに当たる。
3	動詞＋“着” zhe　動作（の結果）の持続を表す。“拿着” názhe「持っている」　否定は「“没” méi＋動詞＋“着” zhe」

135

1 指示代詞 (3)

今天怎么这么静?

こ	そ	あ	ど
这么 zhème		那么 nàme	怎么 zěnme

今天怎么这么凉快！ Jīntiān zěnme zhème liángkuai!
你送我这么多礼物啊！ Nǐ sòng wǒ zhème duō lǐwù a!
她不那么喜欢学习。 Tā bú nàme xǐhuan xuéxí.

凉快：涼しい
喜欢：好きだ
学习：勉強（する）

二つの“怎么”

どのように　这个字怎么念？ Zhège zì zěnme niàn?
どうして　你怎么又迟到了？ Nǐ zěnme yòu chídào le?

1 即練 中国語で言ってみましょう。

❶ 今日はどうしてこんなに暑いの。

❷ あんなにおいしいコーヒーを飲んだことがない。

❸ どうやって行きますか。

❹ 彼はどうしてまた来たの？

136

2 方向補語

回家去了。老师进来了。

下欄の方向動詞が動詞の後に用いられて、動作の方向を表すもの。

B \ A	上 shàng のぼる	下 xià くだる	进 jìn はいる	出 chū でる	回 huí もどる	过 guò すぎる	起 qǐ おきる
来 lai くる	上来	下来	进来	出来	回来	过来	起来
去 qu いく	上去	下去	进去	出去	回去	过去	

1. **単純型方向補語**（後ろの１音節）

動詞＋B　跑来 pǎolai　走去 zǒuqu
下来 xiàlai　咱们下去吧。Zánmen xiàqu ba.

動詞＋A　坐下 zuòxia　跑回家 pǎohui jiā

2. **複合型方向補語**（後ろの２音節）

動詞＋A＋B　他走回去了。　Tā zǒuhuiqu le.
老师走进来了。　Lǎoshī zǒujinlai le.

場所目的語は“来 / 去”の前に置く。

李明回家去了。　Lǐ Míng huí jiā qù le.
你们都进屋里来吧。　Nǐmen dōu jìn wūli lái ba.

屋里：部屋の中
孩子：子ども

2 即練 日本語の意味にあうよう、下記の文を完成してみましょう。

❶ 我先 ＿＿＿＿＿＿＿＿ 了。（私は先に入っていった。）
❷ 他 ＿＿＿＿＿＿＿＿ 了。（彼は歩いて上がってきた。）
❸ 她 ＿＿＿＿＿＿＿＿ 了。（彼女は走って帰っていった。）
❹ 孩子 ＿＿＿＿＿＿＿＿ 了。（子どもが走ってきた。）
❺ 她 ＿＿＿＿＿＿＿＿ 了。（彼女は歩いて下りてきた。）
❻ 妈妈 ＿＿＿＿＿＿＿＿ 了。（母はコンビニへ歩いて入っていった。）

137

3 動詞＋“着” zhe

他手里拿着什么？

他拿着一张照片。　Tā názhe yì zhāng zhàopiàn.
她戴着红帽子。　Tā dàizhe hóng màozi.
门开着吗？　Mén kāizhe ma?
—门没开着，窗户开着。　Mén méi kāizhe, chuānghu kāizhe.

照片：写真
戴：かぶる；
红：赤い
帽子：ぼうし
门：ドア；
开：開ける
窗户：窓

ピンインなしで読めるか？

- 李明呢？
- 头疼，回家去了。
- 田中呢？
- 他还没来呢。
- 今天怎么这么静？
- 快坐好，老师进来了。
- 他手里拿着什么？
- 考试卷子吧。
- 难道今天有考试?!
- 难道你又忘记了?!

ピンインだけで分かるか？

- Lǐ Míng ne?
- Tóuténg, huí jiā qù le.
- Tiánzhōng ne?
- Tā hái méi lái ne.
- Jīntiān zěnme zhème jìng?
- Kuài zuòhǎo, lǎoshī jìnlai le.
- Tā shǒuli názhe shénme?
- Kǎoshì juànzi ba.
- Nándào jīntiān yǒu kǎoshì?!
- Nándào nǐ yòu wàngjì le?!

音読+1 プラスワン

🔈138

童謡

小白兔 Xiǎo báitù

小白兔，白又白，两只耳朵竖起来。
Xiǎo báitù, bái yòu bái, liǎng zhī ěrduo shùqilai.

爱吃萝卜和白菜，蹦蹦跳跳真可爱。
Ài chī luóbo hé báicài, bèngbèng tiàotiào zhēn kě'ài.

（白いウサギ、とっても白い、二つのお耳を立てている。大根と白菜大好きで、跳んだりはねたり、本当に可愛い。）

たんご8きょうだい

房子
fángzi

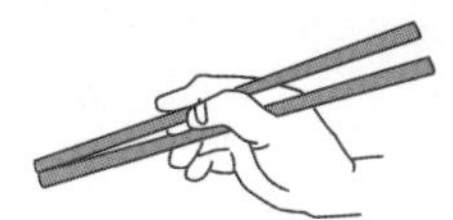

筷子
kuàizi

帽子
màozi

杯子
bēizi

1. 家
2. 箸
3. 帽子
4. コップ
5. 椅子
6. ノート
7. 鼻
8. テーブル

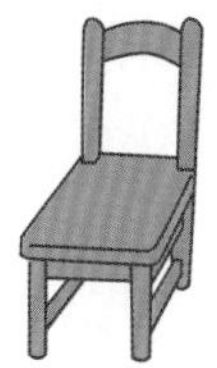

椅子
yǐzi

本子
běnzi

鼻子
bízi

桌子
zhuōzi

いろいろな"子"

第18课 没有 我 姐 弹得 棒。

Méiyou wǒ jie tánde bàng.

Unit 5

新出単語

139

□01 钢琴 gāngqín 名 ピアノ

□02 弹 tán 動 弾く

□03 没有 méiyou 動 (比較してそれに)及ばないことを表す

□04 姐 jiě 名 姉、お姉さん

□05 会 huì 助動 ～できる

□06 造诣 zàoyì 名 造詣(学問の到達している境地)

□07 比 bǐ 前置 ～に比べて、～より

□08 深 shēn 形 深い

□09 听说 tīngshuō 動 ～と聞いている、～だそうだ

□10 下 xià 動 (碁を)打つ、(将棋を)指す

□11 围棋 wéiqí 名 碁、囲碁

□12 业余 yèyú 形 アマチュアの、専門外の

□13 爱好 àihào 名 趣味

□14 不值一提 bù zhí yì tí 組 わざわざ触れるまでもない

□15 能 néng 助動 ～できる

□16 跟 gēn 前置 ～と(いっしょに)、～とともに

□17 盘 pán 量 (試合などを数える)一局の(碁)

□18 求之不得 qiú zhī bù dé 成 願ってもない

□19 当然 dāngrán 副 当然、もちろん

□20 可以 kěyǐ 助動 ～してもよい、～できる

本 文 🔈140

● 你 钢琴 弹得 真 棒！
Nǐ gāngqín tánde zhēn bàng!

○ 没有 我 姐 弹得 棒。
Méiyou wǒ jiě tánde bàng.

● 你 姐 也 会 弹 钢琴？
Nǐ jiě yě huì tán gāngqín?

○ 她 的 造诣 比 我 深。
Tā de zàoyì bǐ wǒ shēn.

● 听说 你 会 下 围棋？
Tīngshuō nǐ huì xià wéiqí?

○ 业余 爱好，不 值 一 提。
Yèyú àihào, bù zhí yì tí.

● 能 不 能 跟 你 下 一 盘？
Néng bu néng gēn nǐ xià yì pán?

○ 求 之 不 得，当然 可以。
Qiú zhī bù dé, dāngrán kěyǐ.

語法メモ

1	比較文 "比" bǐ を用いる　否定は "没有" méiyou による
2	助動詞 "会" huì 「習得してできる」 "能" néng 「能力があって、または条件が許してできる」 "可以" kěyǐ 「するぶんに支障がない」「～してもいい」
3	听说" tīngshuō 「～と聞いている、～だそうだ」
4	前置詞 "跟" gēn 「～と（いっしょに）、～と（共に）」

🔈141

1 比較文

没有我姐姐弹得棒。她的造诣比我深。

〈肯定文〉	〈否定文〉
她比我忙。 Tā bǐ wǒ máng.	我没有她忙。 Wǒ méiyou tā máng.
妹妹比我唱得好。 Mèimei bǐ wǒ chàngde hǎo.	我没有妹妹唱得好。 Wǒ méiyou mèimei chàngde hǎo.
北京比东京冷一点。 Běijīng bǐ Dōngjīng lěng yìdiǎnr.	东京没有北京冷。 Dōngjīng méiyou Běijīng lěng.
妹妹比我高五公分。 Mèimei bǐ wǒ gāo wǔ gōngfēn.	我没有妹妹高。 Wǒ méiyou mèimei gāo.

忙：忙しい
冷：寒い
公分：センチ

1 即練 下記の肯定文を否定文に書き直してみましょう。

❶ 英语比汉语难。

→ ____________________

❷ 今天比昨天热一点。

→ ____________________

❸ 她比我大两岁。

→ ____________________

🔈142

2 助動詞“会，能，可以”

听说你会下围棋？能不能跟你下一盘？当然可以。

会　她会下围棋。 Tā huì xià wéiqí.
我不会开车。 Wǒ bú huì kāichē.
你会不会游泳？ Nǐ huì bu huì yóuyǒng?

能　她能游500米。 Tā néng yóu wǔbǎi mǐ.
我喝酒了，不能开车。 Wǒ hē jiǔ le, bù néng kāichē.

可以　我可以进去吗？ Wǒ kěyǐ jìnqu ma?
—可以。Kěyǐ. / —不行。Bùxíng.
这儿不可以吸烟。 Zhèr bù kěyǐ xīyān.（“不可以”は禁止を表す）

游：泳ぐ
米：メートル
酒：酒

吸烟：タバコを吸う
不行：だめだ

2 即練

1. イラストを見て、"会"を用いた文を作ってみましょう。

说英语 开车 游泳 弹钢琴

❶ ______________________ ❷ ______________________

❸ ______________________ ❹ ______________________

2. "会、能、可以"から一つ選んで、(　)に入れてみましょう。

❶ 你(　　　　)弹钢琴吗？现在(　　　　)弹一曲吗？
(一曲 yì qǔ/ 1曲)

❷ 她(　　　　)游泳，(　　　　)游500米。

❸ 我(　　　　)给你发短信吗？
(发短信 fā duǎnxìn/ メールを送る)

143

3 前置詞"跟"

能不能跟你下一盘？

想跟你下一盘围棋。 Xiǎng gēn nǐ xià yì pán wéiqí.
她跟他一起去美国了。 Tā gēn tā yìqǐ qù Měiguó le.
能不能跟你一起复习？ Néng bu néng gēn nǐ yìqǐ fùxí?

复习：復習する

3 即練 中国語で言ってみましょう。

❶ 私はあなたと一緒に宿題をしたい。

____

❷ あなたと一緒に行ってもいいですか。

____

❸ 子どもはお母さんと一緒に遊びたがっている。

____

ピンインなしで読めるか？

- 你 钢琴 弹得 真 棒！
- 没有 我 姐 弹得 棒。
- 你 姐 也 会 弹 钢琴？
- 她 的 造诣 比 我 深。
- 听说 你 会 下 围棋？
- 业余 爱好，不 值 一 提。
- 能 不 能 跟 你 下 一 盘？
- 求 之 不 得，当然 可以。

ピンインだけで分かるか？

- Nǐ gāngqín tánde zhēn bàng!
- Méiyou wǒ jiě tánde bàng.
- Nǐ jiě yě huì tán gāngqín?
- Tā de zàoyì bǐ wǒ shēn.
- Tīngshuō nǐ huì xià wéiqí?
- Yèyú àihǎo, bù zhí yì tí.
- Néng bu néng gēn nǐ xià yì pán?
- Qiú zhī bù dé, dāngrán kěyǐ.

音読+1 プラスワン

🔊144

なぞなぞ

麻屋子，	Má wūzi,	（でこぼこお部屋に）
红帐子，	hóng zhàngzi,	（赤いとばり）
里头睡着个	lǐtou shuìzhe ge	（中で眠るは）
白胖子。	bái pàngzi.	（白い太っちょ）

たんご8きょうだい

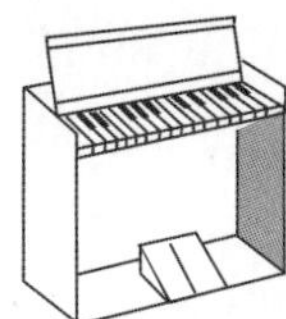

(弹) 风琴
(tán) fēngqín

(弹) 竖琴
(tán) shùqín

(拉) 手风琴
(lā) shǒufēngqín

(弹) 钢琴
(tán) gāngqín

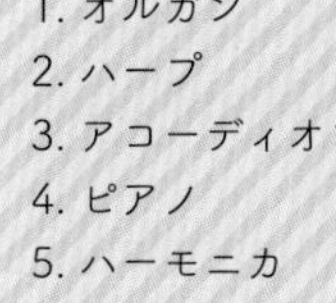

1. オルガン
2. ハープ
3. アコーディオン
4. ピアノ
5. ハーモニカ
6. チェロ
7. バイオリン
8. 木琴

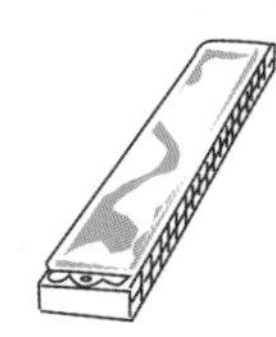

(吹) 口琴
(chuī) kǒuqín

(拉) 大提琴
(lā) dàtíqín

(拉) 小提琴
(lā) xiǎotíqín

(敲) 木琴
(qiāo) mùqín

いろいろな“琴”

第19课 是在哪儿丢的?

Shì zài nǎr diū de?

Unit 5

新出単語

145

- 01 **找** zhǎo 動 探す
- 02 **钱包** qiánbāo 名 財布
- 03 **见** jiàn 動 見る、見える、会う
- 04 **是～的** shì～de 組 ～のです
- 05 **丢** diū 動 なくす、紛失する
- 06 **想不起来** xiǎngbuqǐlai 組 思い出せない
- 07 **里面** lǐmiàn 方位 中、中側
- 08 **啥** shá 代 （=什么）なに
- 09 **现金** xiànjīn 名 現金、キャッシュ
- 10 **驾照** jiàzhào 名 免許証
- 11 **信用卡** xìnyòngkǎ 名 クレジットカード
- 12 **报失** bàoshī 動 （警察に）遺失届を出す
- 13 **附近** fùjìn 名 付近（の）、近く（の）
- 14 **警察** jǐngchá 名 警察
- 15 **前面** qiánmiàn 方位 前、先、前方、前面
- 16 **派出所** pàichūsuǒ 名 警察の派出所
- 17 **耽搁** dānge 動 手遅れになる

本文 146

○ 你 在 找 什么？
Nǐ zài zhǎo shénme?

● 我 的 钱包 不 见 了。
Wǒ de qiánbāo bú jiàn le.

○ 是 在 哪儿 丢 的？
Shì zài nǎr diū de?

● 想不起来 了。
Xiǎngbuqǐlai le.

○ 里面 都 有 啥？
Lǐmiàn dōu yǒu shá?

● 现金、驾照、信用卡。
Xiànjīn、jiàzhào、xìnyòngkǎ.

○ 快 去 报失 吧。
Kuài qù bàoshī ba.

● 附近 哪里 有 警察？
Fùjìn nǎli yǒu jǐngchá?

○ 前面 就 是 派出所。
Qiánmiàn jiù shì pàichūsuǒ.

● 好，我 马上 就 去 不 耽搁。
Hǎo, wǒ mǎshàng jiù qù bù dānge.

語法メモ

1	“是～的”shì~de　すでに起きた事柄について、「いつ、どこで、どのように」などの情報を確認する。“是”は省略できるが、否定文では省略できない
2	可能補語　「V＋“得”de／“不”bù＋結果／方向補語」「～できる／～できない」
3	副詞“都”dōu　「みんな、すべて」
4	方位詞　上下左右前後の言い方

147

1 "是～的

是在哪儿丢的？

どこ　钱包是在学校丢的。 Qiánbāo shì zài xuéxiào diū de.

いつ　什么时候丢的？ Shénme shíhou diū de?

どのように　我不是坐地铁去的，是骑车去的。
Wǒ bú shì zuò dìtiě qù de, shì qí chē qù de.

你怎么学会下围棋的？
Nǐ zěnme xuéhuì xià wéiqí de?

注："是"は肯定文では省略できる

地铁：地下鉄
骑车：自転車で

1 即練 適当な疑問詞を選び、下線部を問う疑問文を完成しましょう。

怎么　什么时候　哪儿　哪一年

❶ 他是昨天去上海的。 ← 他是＿＿＿＿＿＿去上海的？
❷ 我是2004年出生的。 ← 你是＿＿＿＿＿＿出生的？
❸ 他们是在学校认识的。 ← 他们是在＿＿＿＿＿＿认识的？
❹ 我坐电车来的。 ← 你是＿＿＿＿＿＿来的？

148

2 可能補語

想不起来了。

他的名字我想不起来了。 Tā de míngzi wǒ xiǎngbuqǐlai le.
她有票，进得去；我没票，进不去。
Tā yǒu piào, jìndeqù; wǒ méi piào, jìnbuqù.
字太小，我看不清楚。 Zì tài xiǎo, wǒ kànbuqīngchu.
汉语你听得懂听不懂？ Hànyǔ nǐ tīngdedǒng tīngbudǒng?

票：チケット
太：～過ぎる

2 即練 例にならい、次の結果補語と方向補語を可能補語の肯定と否定形に書き直してみましょう。

結果/方向補語	→ 可能補語（肯定）	→ 可能補語（否定）
例 听懂	→ 听得懂	→ 听不懂
想起来	→ 想得起来	→ 想不起来

❶ 看清楚 → ______ → ______

❷ 找到 → ______ → ______

❸ 进去 → ______ → ______

❹ 回来 → ______ → ______

149

3 副詞“都”

里面都有啥?

钱包里面都有什么？ Qiánbāo lǐmiàn dōu yǒu shénme?

这些都是参考书。 Zhèxiē dōu shì cānkǎoshū.

我们也都喜欢熊猫。 Wǒmen yě dōu xǐhuan xióngmāo.

150

4 方位詞

里面都有啥？前面就是派出所。

上 shàng	下 xià	左 zuǒ	右 yòu
上面 / 边 shàngmiàn/ bian	下面 / 边 xiàmiàn/ bian	左面 / 边 zuǒmiàn/ bian	右面 / 边 yòumiàn/ bian

前 qián	后 hòu	里 lǐ	外 wài	旁 páng
前面 / 边 qiánmiàn/ bian	后面 / 边 hòumiàn/ bian	里面 / 边 lǐmiàn/ bian	外面 / 边 wàimiàn/ bian	旁边 pángbiān

桌子上有一本书和一支笔。 Zhuōzi shàng yǒu yì běn shū hé yì zhī bǐ.

邮局在学校旁边。 Yóujú zài xuéxiào pángbiān.

前面有一个发廊。 Qiánmiàn yǒu yí ge fàláng.

发廊的右边是银行。 Fàláng de yòubian shì yínháng.

参考书：参考書
这些：これら
喜欢：好きだ

支：(量) 本
笔：ペン
邮局：郵便局
发廊：美容院
银行：銀行

ピンインなしで読めるか？

- ○ 你 在 找 什么？
- ● 我 的 钱包 不 见 了。
- ○ 是 在 哪儿 丢 的？
- ● 想不起来 了。
- ○ 里面 都 有 啥？
- ● 现金、驾照、信用卡。
- ○ 快 去 报失 吧。
- ● 附近 哪里 有 警察？
- ○ 前面 就 是 派出所。
- ● 好，我 马上 就 去 不 耽搁。

ピンインだけで分かるか？

- ○ Nǐ zài zhǎo shénme?
- ● Wǒ de qiánbāo bú jiàn le.
- ○ Shì zài nǎr diū de?
- ● Xiǎngbuqǐlai le.
- ○ Lǐmiàn dōu yǒu shá?
- ● Xiànjīn、jiàzhào、xìnyòngkǎ.
- ○ Kuài qù bàoshī ba.
- ● Fùjìn nǎli yǒu jǐngchá?
- ○ Qiánmiàn jiù shì pàichūsuǒ.
- ● Hǎo, wǒ mǎshàng jiù qù bù dānge.

音読+1 プラスワン

151

早口言葉

高高山上一条藤

高高山上一条藤，　Gāogāo shānshang yì tiáo téng,
藤条头上挂铜铃，　Téng tiáo tóushang guà tónglíng,
风吹藤动铜铃动，　Fēng chuī téng dòng tónglíng dòng,
风停藤停铜铃停。　Fēng tíng téng tíng tónglíng tíng.

（高き山にひともとの藤の木、藤のこずえには銅の鈴。風吹けば藤が揺れ、鈴が鳴る。風やめば、藤がしずまり、鈴も止む。）

たんご8きょうだい

茶花
cháhuā

樱花
yīnghuā

菊花
júhuā

兰花
lánhuā

1. ツバキ
2. 桜の花
3. 菊の花
4. ラン
5. 梅の花
6. 花火
7. 雪片
8. ジャスミンの花

梅花
méihuā

烟花
yānhuā

雪花
xuěhuā

茉莉花
mòlihuā

いろいろな“花”

第20课 李明请我去做客。

Lǐ Míng qǐng wǒ qù zuòkè.

Unit 5

新出単語

152

□01 **好像** hǎoxiàng 副 どうも～のようだ
□02 **清闲** qīngxián 形 何もなく暇である
□03 **已经** yǐjīng 副 すでに
□04 **把** bǎ 前置 ～を（～する）
□05 **作业** zuòyè 名 宿題
□06 **给** gěi 動 あげる
□07 **爱** ài 動（～することを）好む
□08 **渴** kě 形 のどが渇いている
□09 **死** si 動（「心理動詞・形容詞＋"死"」の形で）程度がはなはだしいことを表す
□10 **准备** zhǔnbèi 動 ～する予定である
□11 **请** qǐng 動 人を招いて～してもらう、人に～してくれるよう乞う
□12 **做客** zuòkè 動（招かれて）客となる
□13 **太～了** tài～le 組 とても～、～すぎる
□14 **好好儿** hǎohāor 副 思う存分、よく
□15 **乐** lè 動 楽しむ

本文 153

● 你 好像 很 清闲。
Nǐ hǎoxiàng hěn qīngxián.

○ 我 已经 把 作业 做完 了。
Wǒ yǐjīng bǎ zuòyè zuòwán le.

● 给 你，你 爱 喝 的。
Gěi nǐ, nǐ ài hē de.

○ 谢谢，快 渴死 我 了。
Xièxie, kuài kěsi wǒ le.

● 晚上 准备 干 什么？
Wǎnshang zhǔnbèi gàn shénme?

○ 李 明 请 我 去 做客。
Lǐ Míng qǐng wǒ qù zuòkè.

● 他 也 让 我 去 做客。
Tā yě ràng wǒ qù zuòkè.

○ 太 好 了！ 今晚 好好儿 乐 一 乐！
Tài hǎo le! Jīnwǎn hǎohāor lè yi lè!

語法メモ

1	好像 hǎoxiàng「～のようだ」「～みたい」
2	“把”bǎ 構文　「“把”＋O＋V＋α」　Oは特定のもの、Vは裸ではだめで付加成分がつく。目的語に対して「処置」を加えることを表す。否定辞は“把”の前に、助動詞も“把”の前に置く
3	程度补语“死”si　心理動詞・形容詞の後に置き「死ぬほど～；～て仕方がない；ひどく～」を表す
4	兼語文　動詞$_1$の目的語と動詞$_2$の主語を兼ねる文のこと 李明请我去做客。“我”はV_1“请”の目的語であり、同時にV_2“去”の主語でもある

154

1 好像

你好像很清闲。

好像要下雨。 Hǎoxiàng yào xià yǔ.
她好像有点儿生气了。 Tā hǎoxiàng yǒudiǎnr shēngqì le.
我的心事你好像全知道。 Wǒ de xīnshì nǐ hǎoxiàng quán zhīdao.

生气：腹が立つ
心事：心配こと
全：すべて
知道：知っている、分かる

1 即練 中国語で言ってみましょう。

❶ もうすぐ雪が降るようだ。

❷ 彼女はあまり嬉しくないようです。

155

2 "把" 構文

我已经把作业做完了。

我已经把报告写好了。 Wǒ yǐjīng bǎ bàogào xiěhǎo le.
太热了，把空调打开吧。 Tài rè le, bǎ kōngtiáo dǎkāi ba.
她还没把作业交给老师。 Tā hái méi bǎ zuòyè jiāogěi lǎoshī.
请把手机放进书包里。 Qǐng bǎ shǒujī fàngjìn shūbāo lǐ.

空调：エアコン
打开：つける
交：提出する
放：入れる

2 即練

1. 下記の文を "把" 構文に直してみましょう。

❶ 打开窗户。

❷ 妈妈做好饭了。

❸ 她还没做完作业。

2. "把" 構文を用いて訳してみましょう。

❶ 張さんは財布をなくしてしまった。（張さん / 小张）

❷ 井上さんはまだ私の辞書を返してくれていない。（返す / 还 huán）

156

3 程度补语

想死我了。 Xiǎngsi wǒ le.

饿死我了。 Èsi wǒ le.

累死我了。 Lèisi wǒ le.

急死我了。 Jísi wǒ le.

听了这个消息，妈妈高兴死了。
Tīngle zhège xiāoxi, māma gāoxìngsi le.

笑死人了。 Xiàosi rén le.

3 即練 中国語で言ってみましょう。

❶ 死ぬほど忙しかった。

____

❷ 熱くて死にそうです。

____

❸ お久しぶりです。とても会いたかった。

____

157

4 兼語文

今晚我请你吃饭。 Jīnwǎn wǒ qǐng nǐ chīfàn.

妈妈叫你快去快回。 Māma jiào nǐ kuài qù kuài huí.

他们让井上当代表。 Tāmen ràng Jǐngshàng dāng dàibiǎo.

4 即練 下記の文の兼語を選び、〔　　〕に入れましょう。

❶ 我请她来。 Wǒ qǐng tā lái. 〔　　　〕
（彼女に来てもらう）

❷ 让您久等了。 Ràng nín jiǔ děng le. 〔　　　〕
（長らくお待たせしました）

❸ 妈妈让我好好儿学习英语。 〔　　　〕
Māma ràng wǒ hǎohāor xuéxí Yīngyǔ.
（母は私にしっかり英語を勉強するように言った）

想：懐かしがる、会いたいと思う
饿：腹がすく
累：疲れる
急：焦る

消息：知らせ
笑：笑う

叫：～させる
快：速い
代表：代表

ピンインなしで読めるか？

- 你 好像 很 清闲。
- 我 已经 把 作业 做完 了。
- 给 你，你 爱 喝 的。
- 谢谢，快 渴死 我 了。
- 晚上 准备 干 什么？
- 李 明 请 我 去 做客。
- 他 也 让 我 去 做客。
- 太 好 了！今晚 好好儿 乐 一 乐！

ピンインだけで分かるか？

- Nǐ hǎoxiàng hěn qīngxián.
- Wǒ yǐjīng bǎ zuòyè zuòwan le.
- Gěi nǐ, nǐ ài hē de.
- Xièxie, kuài kěsi wǒ le.
- Wǎnshang zhǔnbèi gàn shénme?
- Lǐ Míng qǐng wǒ qù zuòkè.
- Tā yě ràng wǒ qù zuòkè.
- Tài hǎo le! Jīnwǎn hǎohāor lè yi lè!

音読+1 プラスワン

158

登鹳雀楼 Dēng Guànquèlóu

王　之涣 Wáng Zhīhuàn

白日依山尽，黄河入海流。　Báirì yī shān jìn, Huánghé rù hǎi liú.

欲穷千里目，更上一层楼。　Yù qióng qiān lǐ mù, gèng shàng yì céng lóu.

（白日、山に依りて尽き，黄河、海に入りて流る。千里の目を窮めんと欲して，更に上る一層の楼。）

たんご8きょうだい

游泳
yóuyǒng

滑雪
huáxuě

滑冰
huábīng

(踢) 足球
(tī) zúqiú

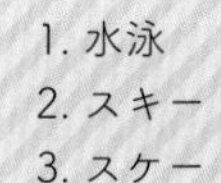

1. 水泳
2. スキー
3. スケート
4. サッカー
5. 卓球
6. (水泳の) 飛び込み
7. マラソン
8. 野球

(打) 乒乓球
(dǎ) pīngpāngqiú

跳水
tiàoshuǐ

(跑) 马拉松
(pǎo) mǎlāsōng

(打) 棒球
(dǎ) bàngqiú

いろいろなスポーツ

1 **声をだして、習った語句およびピンインを再読しなさい。**

(1) 考试　头疼　现金　驾照　信用卡　做客
(2) 业余爱好　想不起来　钱包不见了
(3) zhǔnbèi gàn shénme　bǎ zuòyè zuòwán　dāngrán kěyǐ
(4) hǎohāor　tán gāngqín　xià wéiqí　kěsi wǒ le

2 **下から言葉を選び（　）に入れ、会話を完成しなさい。（重複可）**

把　让　请　被　进　回　来　去

(1) 我在一楼，你快下（　　）吧。　—好，我马上下去。
(2) 外面太冷，（　　）屋里去吧！　—屋里真暖和。〈nuǎnhuo：暖かい〉
(3) 她俩的秘密（　　）我发现了。　—什么秘密？快告诉我。
(4) 听说井上（　　）钱包丢了。　—真的？是在哪儿丢的？
(5) 他女朋友不（　　）他去美国。　—为什么？〈wèi shénme：どうして〉
(6) 你今晚 8 点（　　）得来（　　）不来？—没问题。

3 **日本語の意味になるように、（　）の語句を並べ替えなさい。**

(1) 彼女たちは一緒に教室に入っていきました。（一起 / 教室 / 进 / 去 / 了）
→ 她们 ＿＿＿＿＿＿＿＿＿＿＿＿＿＿＿＿＿＿。
(2) 東京は北京ほど寒くないです。（东京 / 北京 / 没有 / 冷 / 那么）
→ ＿＿＿＿＿＿＿＿＿＿＿＿＿＿＿＿＿＿＿＿。
(3) 彼女たちは東京で知り合ったのです。（东京 / 在 / 认识 / 是 / 的）
→ 她们 ＿＿＿＿＿＿＿＿＿＿＿＿＿＿＿＿＿＿。
(4) 今日はあなたが私に食事をおごる番です。（你 / 我 / 吃饭 / 请 / 该）
→ 今天 ＿＿＿＿＿＿＿＿＿＿＿＿＿＿＿＿＿＿。

4 **声を出して、次の文章を朗読してください。**

井上会弹钢琴，还会下围棋。张蔷和井上下了一盘围棋。今天考试，但是张蔷忘记了。张蔷的钱包丢了。里面有现金、驾照和信用卡什么的。李明请她们俩去做客。井上和张蔷度过了一个愉快的晚上。

（什么的 shénme de / ～など；度过 dùguò / 過ごす；愉快 yúkuài / 愉快な）

付　録

Contents

159

第5課

- 谁呀?
- 我。
- 你来了,快请进。
- 好久不见。
- 好久不见。你好吗?
- 还可以。
- 请坐。
- 谢谢。
- 你喝什么?
- 我喝茶。

第6課

- 几点了?
- 三点了。
- 我该走了。
- 再坐会儿吧。
- 不了,我还有课。
- 那好,我送送你!
- 请留步,别送了。
- 那你慢走啊。
- 再见!
- 再见!

第7課

- 那是什么?
- 那是词典。
- 什么词典?
- 中日词典。
- 谁的词典?
- 我的词典。
- 我想用用。
- 没问题。
- 明天还你。
- 不着急。

第8課

- 您贵姓?
- 我姓张。
- 哪个 Zhāng?
- 弓长张。
- 叫什么名字?
- 叫张蔷。你姓什么?
- 姓井上。
- “井上”怎么写?
- “井水”的“井”,“上下”的“上”。

第9課

- 你多大?
- 我十八。
- 兄弟几个?
- 姐妹俩。
- 什么时候过生日?
- 九月二十八。
- 今天二十七。
- 明天就到啦。
- 祝你生日快乐!
- 谢谢你的祝贺!

第10課

- 我很胖。
- 你不胖。
- 我矮吗?
- 你不矮。
- 我笨不笨?
- 你也不笨。
- 我有点儿小气。
- 你一点儿也不小气。
- 我非常固执。
- 对,你有点儿固执。

第11課

- 你去哪儿?
- 星巴克。
- 几点去?
- 两点多。
- 去干吗?
- 去会客。
- 怎么去?
- 我开车。
- 几点回?
- 有事吗?

第12課

- 你家在哪里?
- 东京麻布十番。
- 离这儿远不远?
- 坐车半小时。
- 中午去吃咖喱饭吧。
- 我刚吃了三明治。
- 晚上去不去看电影?
- 今晚我得去游泳。

第 13 課

- 你在干什么呢？
- 我在上网呢。
- 马上就要放假了。
- 暑假打算做什么？
- 我想去京都。
- 我还没去过。
- 想不想一起去？
- 让我考虑考虑。

第 14 課

- 服务员，点菜！
- 唉，来喽！
- 一个蛋炒饭。
- 鸡蛋刚用完。
- 一笼小笼包。
- 今天猪肉没买到。
- 两瓶冰镇可乐。
- 冰镇的没有。
- 你们有什么？
- 只有大馒头。
- 我们走吧。

第 15 課

- 该你唱了。
- 那我献丑了。
- 哇！唱得真棒！
- 哪里哪里。
- 经常唱吗？
- 一周两次。
- 你当歌手吧。
- 还差得远呢。
- 今天玩儿得真高兴。
- 卡拉 OK 真过瘾！

第 16 課

- 汉语难不难？
- 汉字简单发音难。
- 谁教你们汉语？
- 大个子陈老师。
- 教得怎么样？
- 两个字：真棒！
- 哎呀，下雨了。
- 糟糕，没带伞。
- 咱去那边躲一躲？
- 好，要不就被淋湿了。

第 17 課

- 李明呢？
- 头疼，回家去了。
- 田中呢？
- 他还没来呢。
- 今天怎么这么静？
- 快坐好，老师进来了。
- 他手里拿着什么？
- 考试卷子吧。
- 难道今天有考试？！
- 难道你又忘记了？！

第 18 課

- 你钢琴弹得真棒！
- 没有我姐弹得棒。
- 你姐也会弹钢琴？
- 她的造诣比我深。
- 听说你会下围棋？
- 业余爱好，不值一提。
- 能不能跟你下一盘？
- 求之不得，当然可以。

第 19 課

- 你在找什么？
- 我的钱包不见了。
- 是在哪儿丢的？
- 想不起来了。
- 里面都有啥？
- 现金、驾照、信用卡。
- 快去报失吧。
- 附近哪里有警察？
- 前面就是派出所。
- 好，我马上就去不耽搁。

第 20 課

- 你好像很清闲。
- 我已经把作业做完了。
- 给你，你爱喝的。
- 谢谢，快渴死我了。
- 晚上准备干什么？
- 李明请我去做客。
- 他也让我去做客。
- 太好了！今晚好好儿乐一乐！

第 5 課

- ● Shéi ya?
- ○ Wǒ.
- ● Nǐ lái le, kuài qǐng jìn.
- ○ Hǎojiǔ bú jiàn.
- ● Hǎojiǔ bú jiàn. Nǐ hǎo ma?
- ○ Hái kěyǐ.
- ● Qǐng zuò .
- ○ Xièxie.
- ● Nǐ hē shénme?
- ○ Wǒ hē chá.

第 6 課

- ○ Jǐ diǎn le?
- ● Sān diǎn le.
- ○ Wǒ gāi zǒu le.
- ● Zài zuò huìr ba.
- ○ Bù le, wǒ hái yǒu kè.
- ● Nà hǎo, wǒ sòngsong nǐ!
- ○ Qǐng liúbù, bié sòng le.
- ● Nà nǐ mànzǒu a.
- ○ Zàijiàn!
- ● Zàijiàn!

第 7 課

- ○ Nà shì shénme?
- ● Nà shì cídiǎn.
- ○ Shénme cídiǎn?
- ● Zhōng-Rì cídiǎn.
- ○ Shéi de cídiǎn?
- ● Wǒ de cídiǎn.
- ○ Wǒ xiǎng yòngyong.
- ● Méi wèntí.
- ○ Míngtiān huán nǐ.
- ● Bù zháojí.

第 8 課

- ○ Nín guìxìng?
- ● Wǒ xìng Zhāng.
- ○ Něige Zhāng?
- ● Gōng cháng Zhāng.
- ○ Jiào shénme míngzi?
- ● Jiào Zhāng Qiáng. Nǐ xìng shénme?
- ○ Xìng Jǐngshàng.
- ● "Jǐngshàng" zěnme xiě?
- ○ "Jǐngshuǐ" de "jǐng", "shàngxià" de "shàng".

第 9 課

- ● Nǐ duō dà?
- ○ Wǒ shíbā.
- ● Xiōngdì jǐ ge?
- ○ Jiěmèi liǎ.
- ● Shénme shíhou guò shēngrì?
- ○ Jiǔyuè èrshíbā.
- ● Jīntiān èrshíqī.
- ○ Míngtiān jiù dào la.
- ● Zhù nǐ shēngrì kuàilè!
- ○ Xièxie nǐ de zhùhè!

第 10 課

- ● Wǒ hěn pàng.
- ○ Nǐ bú pàng.
- ● Wǒ ǎi ma?
- ○ Nǐ bù ǎi.
- ● Wǒ bèn bu bèn?
- ○ Nǐ yě bú bèn.
- ● Wǒ yǒudiǎnr xiǎoqi.
- ○ Nǐ yìdiǎnr yě bù xiǎoqi.
- ● Wǒ fēicháng gùzhi.
- ○ Duì, nǐ yǒudiǎnr gùzhi.

第 11 課

- ● Nǐ qù nǎr?
- ○ Xīngbākè.
- ● Jǐ diǎn qù?
- ○ Liǎng diǎn duō.
- ● Qù gànmá?
- ○ Qù huìkè.
- ● Zěnme qù?
- ○ Wǒ kāichē.
- ● Jǐ diǎn huí?
- ○ Yǒu shì ma?

第 12 課

- ● Nǐ jiā zài nǎli?
- ○ Dōngjīng Mábù shífān.
- ● Lí zhèr yuǎn bu yuǎn?
- ○ Zuò chē bàn xiǎoshí.
- ● Zhōngwǔ qù chī gālífàn ba.
- ○ Wǒ gāng chīle sānmíngzhì.
- ● Wǎnshang qù bu qù kàn diànyǐng?
- ○ Jīnwǎn wǒ děi qù yóuyǒng.

第 13 課

- ● Nǐ zài gàn shénme ne?
- ○ Wǒ zài shàngwǎng ne.
- ● Mǎshàng jiù yào fàngjià le.
- ○ Shǔjià dǎsuan zuò shénme?
- ● Wǒ xiǎng qù Jīngdū.
- ○ Wǒ hái méi qùguo.
- ● Xiǎng bu xiǎng yìqǐ qù?
- ○ Ràng wǒ kǎolùkǎolù.

第 14 課

- ● Fúwùyuán, diǎncài!
- ● Āi, lái lou!
- ○ Yí ge dànchǎofàn.
- ● Jīdàn gāng yòngwán.
- ○ Yì lóng xiǎolóngbāo.
- ● Jīntiān zhūròu méi mǎidào.
- ○ Liǎng píng bīngzhèn kělè.
- ● Bīngzhèn de méiyou.
- ○ Nǐmen yǒu shénme?
- ● Zhǐ yǒu dà mántou.
- ● Wǒmen zǒu ba.

第 15 課

- ● Gāi nǐ chàng le.
- ○ Ná wǒ xiànchǒu le.
- ● Wā! Chàngde zhēn bàng!
- ○ Nǎli nǎli.
- ● Jīngcháng chàng ma?
- ○ Yì zhōu liǎng cì.
- ● Nǐ dāng gēshǒu ba.
- ○ Hái chàdeyuǎn ne.
- ● Jīntiān wánrde zhēn gāoxìng.
- ○ KǎlāOK zhēn guòyǐn!

第 16 課

- ● Hànyǔ nán bu nán?
- ○ Hànzì jiǎndān fāyīn nán.
- ● Shéi jiāo nǐmen Hànyǔ?
- ○ Dà gèzi Chén lǎoshī.
- ● Jiāode zěnmeyàng?
- ○ Liǎng ge zì: Zhēn bàng!
- ● Āiya, xià yǔ le.
- ○ Zāogāo, méi dài sǎn.
- ● Zán qù nàbian duǒ yi duǒ?
- ○ Hǎo, yàobù jiù bèi línshī le.

第 17 課

- ● Lǐ Míng ne?
- ○ Tóuténg, huí jiā qù le.
- ● Tiánzhōng ne?
- ○ Tā hái méi lái ne.
- ● Jīntiān zěnme zhème jìng?
- ○ Kuài zuòhǎo, lǎoshī jìnlai le.
- ● Tā shǒuli názhe shénme?
- ○ Kǎoshì juànzi ba.
- ● Nándào jīntiān yǒu kǎoshì?!
- ○ Nándào nǐ yòu wàngjì le?!

第 18 課

- ● Nǐ gāngqín tánde zhēn bàng!
- ○ Méiyou wǒ jiě tánde bàng.
- ● Nǐ jiě yě huì tán gāngqín?
- ○ Tā de zàoyì bǐ wǒ shēn.
- ● Tīngshuō nǐ huì xià wéiqí?
- ○ Yèyú àihǎo, bù zhí yì tí.
- ● Néng bu néng gēn nǐ xià yì pán?
- ○ Qiú zhī bù dé, dāngrán kěyǐ.

第 19 課

- ○ Nǐ zài zhǎo shénme?
- ● Wǒ de qiánbāo bú jiàn le.
- ○ Shì zài nǎr diū de?
- ● Xiǎngbuqǐlai le.
- ○ Lǐmiàn dōu yǒu shá?
- ● Xiànjīn、jiàzhào、xìnyòngkǎ.
- ○ Kuài qù bàoshī ba.
- ● Fùjìn nǎli yǒu jǐngchá?
- ○ Qiánmiàn jiù shì pàichūsuǒ.
- ● Hǎo, wǒ mǎshàng jiù qù bù dānge.

第 20 課

- ● Nǐ hǎoxiàng hěn qīngxián.
- ○ Wǒ yǐjīng bǎ zuòyè zuòwan le.
- ● Gěi nǐ, nǐ ài hē de.
- ○ Xièxie, kuài kěsi wǒ le.
- ● Wǎnshang zhǔnbèi gàn shénme?
- ○ Lǐ Míng qǐng wǒ qù zuòkè.
- ● Tā yě ràng wǒ qù zuòkè.
- ○ Tài hǎo le! Jīnwǎn hǎohāor lè yi lè!

単語索引

▶数字は初出の課数を表す。
▶○数字は初出の場所。①課文　②語法ポイント　③音読＋1　④たんご８きょうだい
▶発音編の単語は含まれておりません。

A

a	啊	6	①	文末で催告、肯定、感嘆、疑問などの意味を表す
āi	唉	1	①	呼ばれて返事をするときに、また同意するときに用いる
āiya	哎呀	16	①	あらまあ、おやおや（驚いたり意外に思ったときに発する語）
ǎi	矮	10	①	（背が）低い
ài	爱	17	③	好む
àihào	爱好	18	①	趣味
àiren	爱人	6	④	配偶者

B

bā	八	6	②	8
bǎ	把	14	②	取っ手のあるものを数える（量詞）
bǎ	把	20	①	～を（～する）
bàba	爸爸	8	③	父
ba	吧	6	①	語気を和らげる
bái	白	17	③	白い
báicài	白菜	17	③	白菜
báirì	白日	20	③	昼間
báitù	白兔	17	③	白ウサギ
bàn	办	8	②	する、やる
bàn	半	11	②	半、半分
bàng	棒	15	①	素晴らしい、優れている
bàngqiú	棒球	20	④	野球
bāozi	包子	12	④	パオズ
bǎobao	宝宝	5	③	赤ちゃん
bàogào	报告	13	②	レポート
bàoshī	报失	19	①	（警察に）遺失届を出す
bēi	杯	12	②	杯（量詞）
bēizi	杯子	17	④	コップ
Běijīng	北京	10	②	北京
bèi	背	13	②	暗誦する
bèi	被	16	①	（受身文で用い）～られる
běn	本	12	②	冊（量詞）
běnzi	本子	17	④	ノート
bèn	笨	10	①	不器用である、おろかである
bèng	蹦	12	③	飛ぶ、跳ねる
bèngbèngtiàotiào	蹦蹦跳跳	17	③	飛び跳ねる
bízi	鼻子	17	④	鼻
bǐ	比	18	①	～に比べて、～より
bǐsà	比萨	12	④	ピザ
bǐ	笔	19	②	ペン
Bìshèngkè	必胜客	11	④	ピザハット
biànlìdiàn	便利店	11	②	コンビニ
bié	别	6	①	～するな（禁止を表す）
bīnguǎn	宾馆	13	④	ホテル
bīngzhèn	冰镇	14	①	冷えた
bìngrén	病人	6	④	病人
bówùguǎn	博物馆	13	④	博物館
bù	不	5	②	動詞や形容詞を否定する
bù le	不了	6	①	やめておきます（何かを勧められて断るとき）
bú tài	不太	10	②	それほど～ない
bùxíng	不行	18	②	だめだ
bù zhí yì tí	不值一提	18	①	わざわざ言うまでもない
búyòng	不用	12	②	～する必要がない、～するに及ばない
bù	部	14	②	映画や機械、車などを数える（量詞）

C

cài	菜	14	②	料理
cānkǎoshū	参考书	19	②	参考書
Cáo Cāo	曹操	8	④	曹操
céng	层	20	③	階、層（量詞）
chá	茶	5	①	茶
cháguǎn	茶馆	13	④	茶館
cháhuā	茶花	19	④	ツバキ
chà	差	6	③	足りない
chàdeyuǎn	差得远	15	①	まだまだです。（褒められて謙遜して）
cháng	长	8	①	長い
cháng	尝	15	②	味見をする
chàng	唱	15	①	歌う
chāoshì	超市	12	②	スーパー
chē	车	12	①	車
chēzhàn	车站	11	②	駅
Chén	陈	8	②	陳（姓）
chéngzhī	橙汁	5	④	オレンジジュース
chī	吃	5	②	食べる
chīfàn	吃饭	11	②	食事をする
chídào	迟到	16	②	遅刻する
... chū	…出	17	②	出る、識別する（補語）
chūfā	出发	9	②	出発する
... chūlai	…出来	17	②	出てくる（補語）
... chūqu	…出去	17	②	出ていく（補語）
chūshēng	出生	19	②	生まれる
chū tàiyang	出太阳	16	②	日が出る
chūzūchē	出租车	15	④	タクシー
chúshī	厨师	16	④	コック
chuānghu	窗户	17	②	窓
chuī	吹	5	②	吹く
cídiǎn	词典	7	①	辞書
cì	次	15	①	回、度
cùn	寸	13	③	寸、極めて短いことを形容する
cuò	错	14	②	間違っている

D

dǎ	打	20	③	球技をする
dǎ diànhuà	打电话	12	②	電話をかける
dǎgōng	打工	11	②	バイトをする
dǎkāi	打开	20	②	つける

dǎ léi 打雷 16 ② 雷がなる
dǎsuan 打算 13 ① ～するつもりだ、～する予定である
dǎ wǎngqiú 打网球 15 ② テニスをする
dà 大 9 ① 大きい（年齢も表す）
dà gèzi 大个子 16 ① 背が高い人
dàshǐguǎn 大使馆 13 ④ 大使館
dàtíqín 大提琴 18 ④ チェロ
dàxuéshēng 大学生 6 ② 大学生
dài 带 16 ① 持つ、携帯する
dài 戴 17 ② かぶる
dàibiǎo 代表 20 ② 代表
dānge 耽搁 19 ① 手遅れになる
dànchǎofàn 蛋炒饭 14 ① （卵入り）チャーハン
dàngāo 蛋糕 16 ② ケーキ
dāng 当 15 ① ～になる、～を務める
dāngrán 当然 18 ① 当然、もちろん
dào 到 9 ① 着く、達する、目的を達する
Déguó 德国 7 ④ ドイツ
Déyǔ 德语 7 ④ ドイツ語
de 的 7 ① ～の
de 得 15 ① 動詞や形容詞の後に置き、結果・程度を表す補語を導く
děi 得 12 ① ～しなければならない
dēng 登 20 ③ 登る
děng 等 9 ② 待つ
dìguā 地瓜 14 ④ サツマイモ
dìlǐ 地里 15 ③ 畑
dìqiú 地球 10 ③ 地球
dìtiě 地铁 19 ② 地下鉄
dìdi 弟弟 9 ④ 弟
diǎn 点 6 ① 時（時刻の単位）
diǎncài 点菜 14 ① 料理を注文する
diǎnr 点儿 6 ② 少し
diǎnxin 点心 5 ② お菓子
diànchē 电车 19 ② 電車
diànnǎo 电脑 7 ② パソコン
diànshì 电视 5 ② テレビ
diànyǐng 电影 12 ① 映画
diū 丢 19 ① なくす、紛失する
Dōngjīng 东京 12 ① 東京
dōngguā 冬瓜 14 ④ トウガン
dǒng 懂 14 ② 分かる
dòng 动 19 ③ 動く
dōu 都 12 ③ みんな、いずれも
Dù Fǔ 杜甫 8 ④ 杜甫
Dùbiān 渡边 8 ② 渡辺（姓）
duǎn 短 10 ④ 短い
duànliàn 锻炼 12 ③ 鍛える、鍛錬する
duì 对 7 ② その通り、正しい
duō 多 9 ① どれぐらい
duō 多 11 ① ～あまり
duō dà 多大 9 ② 何歳か
duǒ 躲 16 ① よける、避ける
duǒ 朵 9 ③ 輪（花を数える量詞）

E

è 饿 20 ② 腹がすく
érzi 儿子 9 ④ 息子
ěrduo 耳朵 7 ③ 耳
èr 二 6 ② 2

F

fā duǎnxìn 发短信 18 ② メールを送る
fāxiàn 发现 16 ② 発見する
fāyán 发言 15 ② 発言
fāyīn 发音 16 ① 発音
Fǎguó 法国 7 ④ フランス
Fǎyǔ 法语 7 ④ フランス語
fàláng 发廊 19 ② 美容院
fānyì 翻译 16 ④ 通訳
fàn 饭 20 ② ご飯
fángzi 房子 17 ④ 家
fàng 放 20 ② 入れる
fàngjià 放假 9 ② 休みになる
fàngxué 放学 13 ② 学校が終わる
fēicháng 非常 10 ① 非常に
fēn 分 11 ② 分（時間の単位）
fēng 风 5 ③ 風
fēngchē 风车 15 ④ 風車
fēngqín 风琴 18 ④ オルガン
fúwùyuán 服务员 14 ① ホテル・料理店・商店などの店員、従業員
Fùshìshān 富士山 13 ② 富士山
fùxí 复习 18 ② 復習する
fùjìn 附近 19 ① 付近（の）、近く（の）

G

gālífàn 咖喱饭 12 ① カレーライス
gāi 该 6 ① ～すべきだ
gāi 该 15 ① （後に人を表す語が来て）～が～する番だ
gānjìng 干净 10 ④ きれいだ
gàn 干 7 ② する、やる
gànmá 干吗 11 ① 何をする
gāng 刚 12 ① ～したばかり
gānghǎo 刚好 9 ② ちょうど
gāngqín 钢琴 18 ① ピアノ
gāo 高 5 ② 高い
Gāoqiáo 高桥 8 ② 高橋（姓）
gāoxìng 高兴 8 ② 嬉しい
gàosu 告诉 16 ② 教える
gē 歌 15 ② 歌
gēshǒu 歌手 15 ① 歌手
gēge 哥哥 9 ④ 兄
ge 个 9 ① 個（最も広く用いられる量詞）
gěi 给 12 ② ～に（前置詞）
gěi 给 16 ② あげる
gēn 跟 18 ① ～と（いっしょに）、～とともに
gèng 更 20 ③ さらに、再び
gōng 弓 8 ① 弓
gōngfēn 公分 18 ② センチ
gōngjiāochē 公交车 15 ④ バス
gōngsī 公司 16 ② 会社
gōngsī zhíyuán 公司职员 16 ④ サラリーマン
gùzhi 固执 10 ① 頑固な
guā fēng 刮风 16 ② 風が吹く
guā 瓜 15 ③ スイカ

guāguā	呱呱	15	③ ケロケロ
guà	挂	19	③ かかる、引っかかる
Guànquèlóu	鹳雀楼	20	③ 鸛雀楼
guāngyīn	光阴	13	③ 時間、年月
guì	贵	10	② （値段が）高い
guìxìng	贵姓	8	① （敬意をこめて相手の）苗字
guò	过	9	① 祝う、過ごす、暮らす
...guò	…过	17	② 過ぎる（補語）
...guòlai	…过来	17	② こちらへ来る（補語）
...guòqu	…过去	17	② 向こうへ過ぎていく（補語）
guòyǐn	过瘾	15	① 堪能する、十分に満足する
guo	过	13	① ～たことがある
gūniang	姑娘	9	③ 娘、女の子
gùnzi	棍子	7	③ 棒

H

hái	还	6	① それに、その上、さらに
hái	还	13	① まだ
hái kěyǐ	还可以	5	① まあまあだ
háizi	孩子	17	② 子ども
hǎi	海	20	③ 海
Hánguó	韩国	7	④ 韓国
Hányǔ	韩语	7	④ 韓国語
hànbǎobāo	汉堡包	12	④ ハンバーガー
Hànyǔ	汉语	7	② 中国語
Hànzì	汉字	16	① 漢字
hǎo	好	5	① いい、よい
hǎochī	好吃	14	② おいしい
hǎohāor	好好儿	20	① よく、十分に、ちゃんと
hǎojiǔ bú jiàn	好久不见	5	① お久しぶりです
hǎoxiàng	好像	20	① どうも～のようだ
hào	号	9	② （口語）日
hē	喝	5	① 飲む
hé	和	15	③ ～と
hěn	很	8	② とても
hōnglōnglōng	轰隆隆	16	③ ごろごろごろ
hóng	红	17	② 赤い
hóngchá	红茶	5	④ 紅茶
hóngjiǔ	红酒	14	② 赤ワイン
hòu	后	19	② 後ろ、後
hòubian	后边	19	② 後ろ、後方
hòumiàn	后面	19	② 後ろ、後方
hūhūhū	呼呼呼	16	③ ヒューヒューヒュー
hùshi	护士	16	④ 看護師
huā	花	9	③ 花
huāchá	花茶	5	④ ジャスミン茶
huāhuāhuā	哗哗哗	16	③ ざあざあざあ
hualālā	哗啦啦	16	③ サラサラサラ
huábīng	滑冰	20	④ スケート
huáxuě	滑雪	20	④ スキー
huán	还	7	① 返却する、返済する
Huáng	黄	8	② 黄（姓）
huánggua	黄瓜	14	④ キュウリ
Huánghé	黄河	20	③ 黄河
huí	回	11	① 帰る、戻る
...huí	…回	17	② 帰る、戻る（補語）
huíjiā	回家	12	② 帰宅する
...huílai	…回来	17	② 帰ってくる、戻ってくる（補語）
...huíqu	…回去	17	② 帰っていく、戻っていく（補語）
huì	会	18	① ～できる
huìkè	会客	11	① 客に会う
huìr	会儿	6	① しばらく、少し（口語は huǐr とも）
huǒchē	火车	15	④ 汽車

J

jīpiào	机票	14	② 航空券
jīqìrén	机器人	6	④ ロボット
jí	急	20	② 焦る
jǐ	几	6	① いくつ、いくら（10までの数を予想して尋ねるのに用いる）
jīdàn	鸡蛋	14	① 卵
jiā	家	12	① 家
jiàzhào	驾照	19	① 免許証
jiǎndān	简单	16	① 簡単な、易しい
jiàn	见	19	① 見る、見える、会う
jiàn	件	14	② 上に着る衣服、文書や事柄などを数える（量詞）
jiāo	教	16	① 教える
jiāo	交	20	② 提出する
jiǎozi	饺子	12	④ 餃子
jiào	叫	8	① ～という名前（フルネーム）である
jiào	叫	15	③ 鳴く
jiào	叫	20	② ～させる
jiàoshì	教室	12	② 教室
jiě	姐	18	① 姉、お姉さん
jiějie	姐姐	9	④ 姉
jiěmèi	姐妹	9	① 姉妹
jièzǒu	借走	16	② 借りていく
jīn	金	13	③ 黄金、金銭
jīnnián	今年	9	② 今年
jīntiān	今天	6	② 今日
jīnwǎn	今晚	11	② 今晩
jìn	进	5	① 入る
jìnlai	进来	17	① 入ってくる
... jìn	…进	17	② 入る（補語）
... jìnlai	…进来	17	② 入ってくる（補語）
... jìnqu	…进去	17	② 入っていく（補語）
jìn	尽	20	③ 尽きる、終わる
jìn	近	10	④ 近い
Jīngdū	京都	13	① 京都
jīngcháng	经常	15	① いつも、つねに
jīngjì	经济	8	② 経済
jǐng	井	8	① 井戸
Jǐngshàng	井上	8	① 井上（姓）
jǐngshuǐ	井水	8	① 井戸の水
jǐngchá	警察	19	① 警察
jìng	静	17	① 静かである
jiǔ	九	6	② 9
jiǔ	酒	18	② 酒
jiǔ	久	20	② 久しい、長い
jiù	就	9	① すぐに、じきに

jiù	就	16	① ～ならば～だ
jiù	就	19	① まさに
jiùyào~le	就要～了	13	② まもなく～となる
jiùhùchē	救护车	15	④ 救急車
júhuā	菊花	19	④ 菊の花
jùjué	拒绝	16	② 拒絶する
juànzi	卷子	17	① 答案用紙

K

kāfēi	咖啡	5	② コーヒー
kāfēiguǎn	咖啡馆	13	④ カフェ
kǎlāOK	卡拉 OK	15	① カラオケ
kāi	开	17	② 開ける
kāichē	开车	11	① 運転する
kāiyǎn	开演	13	② 開演する
kàn	看	5	② 見る
kǎolǜ	考虑	13	① 考える、考慮する
kǎoshì	考试	17	① 試験（をする）
kě	渴	20	① のどが渇いている
kēdǒu	蝌蚪	11	③ オタマジャクシ
kě'ài	可爱	17	③ 可愛い
kělè	可乐	5	② コーラ
kěyǐ	可以	18	① ～してもよい、～できる
kè	刻	11	② 15分間
kè	课	6	① 授業
kèběn	课本	7	② テキスト
kèwén	课文	13	② 教科書の本文
kèren	客人	16	② 客
Kěndéjī	肯德基	11	④ ケンタッキー
kōngqì	空气	12	③ 空気
kōngtiáo	空调	20	② エアコン
kǒuqín	口琴	18	④ ハーモニカ
kǔguā	苦瓜	14	④ ニガウリ
kuā	夸	15	③ ほめる
kuài	快	5	① 速い、速く、急ぐ、じきに
kuàilè	快乐	9	① 楽しい
kuàizi	筷子	17	④ 箸

L

là	腊	6	③ 12月のこと
la	啦	9	① "了"leと"啊"aの合音で、ここでは感嘆の意を表す
lái	来	9	② 来る
lái	来	12	③ 積極的に動作に取り組む姿勢を表す
...lai	…来	17	② 来る（補語）
lánhuā	兰花	19	④ ラン
làng	浪	5	③ 波
lǎoshī	老师	7	② 先生
lǎolao	姥姥	9	④ 母方の祖母
lǎoye	姥爷	8	③ 母方の祖父
lè	乐	20	① 楽しむ
le	了	6	① 文末に置き、変化や新事態の出現を確認する
lèi	累	20	② 疲れる
lěng	冷	18	② 寒い、冷たい
lí	离	12	① ～から（2点間のへだたりを表す）
Lǐ	李	8	② 李（姓）
Lǐ Bái	李白	8	④ 李白
Lǐ Míng	李明	8	② 李明（人名）
lǐwù	礼物	16	② プレゼント
lǐ	里	17	① ～の中
lǐ	里	20	③ 里（距離の単位）
lǐbian	里边	19	② 中、内側
lǐmiàn	里面	19	① 中、中側
lǐtou	里头	18	③ 中、内部
lìshǐxì	历史系	7	② 史学科
liǎ	俩	9	① （口語）二人、二つ
liángkuai	凉快	17	② 涼しい
liǎng	两	11	① （2時、二つを数えるときなどの）2を表す
línshī	淋湿	16	① （雨に）ぬれた
líng	零	6	② 0
Língmù	铃木	8	② 鈴木（姓）
Língmù Hǎohuì	铃木好惠	8	② 鈴木好恵（人名）
liúbù	留步	6	① どうぞ歩みを留めてください（客が主人に「見送りはここまでで結構です」という）
liúxuéshēng	留学生	10	② 留学生
Liú	刘	8	② 劉（姓）
liú	流	20	③ 流れる
liúlì	流利	15	② 流暢だ
liú	流	16	③ 流れる
lóng	笼	14	① せいろ（ここでは量詞として用いる）
lóu	楼	20	③ 階層、ビル
lou	喽	14	① ～よ！相手の注意を促し、景気をつける気分を出す
lùqǔ	录取	16	② 採用する
lǜ	绿	15	③ 緑
lǜchá	绿茶	5	④ 緑茶
lǜshī	律师	16	④ 弁護士
luóbo	萝卜	17	③ 大根
Luósēn	罗森	11	④ ローソン

M

māma	妈妈	8	③ 母
má	麻	18	③ でこぼこしている
Mábù shífān	麻布十番	12	① 麻布十番
mǎlāsōng	马拉松	20	④ マラソン
mǎshàng	马上	9	② すぐに
ma	吗	5	① ～か
mǎi	买	8	② 買う
mǎidào	买到	14	① 購入する（"到"は目的に達する意の結果補語）
mǎi dōngxi	买东西	11	② 買い物する
mài	卖	16	② 売る
Màidāngláo	麦当劳	11	④ マクドナルド
mántou	馒头	14	① （中国式）蒸しパン
màn	慢	10	④ （スピードが）遅い
mànzǒu	慢走	6	① どうぞお気をつけて（客を見送る際の言葉）
máng	忙	18	② 忙しい

Máo Zédōng	毛泽东	8	④ 毛沢東
màozi	帽子	17	② 帽子
méi	没	7	① ～ない（"有"の否定）
méiyou	没有	6	② ない
méiyou	没有	18	① （比較してそれに）及ばないことを表す
méihuā	梅花	19	④ 梅の花
méimao	眉毛	9	③ 眉
měi tiān	每天	13	② 毎日
Měiguó	美国	7	② アメリカ
měishùguǎn	美术馆	13	④ 美術館
mèimei	妹妹	9	④ 妹
mén	门	17	② ドア
mǐ	米	18	② メートル
mǐfàn	米饭	12	④ ご飯
mìmì	秘密	16	② 秘密
miànbāo	面包	12	④ パン
míngnián	明年	9	② 来年
míngtiān	明天	7	① 明日
míngzi	名字	8	① 名前
mótuōchē	摩托车	15	④ バイク
mòlihuā	茉莉花	19	④ ジャスミンの花
mù	目	20	③ 目、見る
mùguā	木瓜	14	④ パパイア
mùqín	木琴	18	④ 木琴

N

ná	拿	17	① 持つ
nǎ	哪	7	② どれ、どの
nǎge ; něige	哪个	8	① どれ、どの
nǎ guó	哪国	7	② どの国
nǎli	哪里	11	② どこ
nǎli	哪里	15	① （自分へのほめ言葉や感謝の言葉に対して謙遜する。重ねて用いることが多い）どういたしまして、いえいえ、とんでもない
nǎr	哪儿	11	① どこ
nà	那	7	① それ、あれ；その、あの
nà	那	6	① それでは、それなら
nàbiān	那边	16	① そこ、そちら；あそこ、あちら
nàge ; nèige	那个	8	② それ、あれ；その、あの
nàli	那里	11	② あそこ、そこ
nàme	那么	17	② あんなに、そんなに
nàr	那儿	11	② あそこ、そこ
nǎinai	奶奶	9	④ 父方の祖母
nán	难	10	② 難しい
nándào	难道	17	① まさか
nánpéngyou	男朋友	10	② ボーイフレンド
nánguā	南瓜	14	④ カボチャ
ne	呢	8	② ～は？
ne	呢	13	① 「疑問文＋呢」で、答えを促す気分を表し、また特定の「平叙文＋呢」で動作や状態の継続を表す用法がある
ne	呢	15	① 事実を確認したり、相手に事実はこうだと認めさせる語気を表す
néng	能	18	① ～できる
nǐ	你	5	① あなた
nǐ lái le	你来了	5	① いらっしゃい
nǐmen	你们	5	② あなたたち
nián	年	9	② 年
niánjì	年纪	9	② 年齢
niàn	念	8	② 声を出して読む
nín	您	5	② （敬意をこめて）あなた
niúnǎi	牛奶	5	④ ミルク
niúròufàn	牛肉饭	12	④ 牛丼
nǚ'ér	女儿	9	④ 娘
nǚpéngyou	女朋友	10	② ガールフレンド

P

pá	爬	13	② 登る
pàichūsuǒ	派出所	19	① 警察の派出所
pán	盘	18	① （試合などを数える）一局の（碁）
páng	旁	19	② そば、かたわら
pángbiān	旁边	19	② そば、かたわら
pàng	胖	10	① 太っている
pàngzi	胖子	18	③ 太っている人
pǎo	跑	10	③ 走る、駆ける
pīpíng	批评	16	② 叱る
píjiǔ	啤酒	14	① ビール
piányi	便宜	10	④ 安い
piào	票	19	② チケット
piàoliang	漂亮	10	② きれいだ
pīngpāngqiú	乒乓球	20	④ 卓球
píng	瓶	14	① 瓶
pūtōng	扑通	14	③ ぽちゃん

Q

qī	七	6	② 7
Qī-shíyī	7-ELEVEN	11	④ セブンイレブン
qí chē	骑车	19	② 自転車に乗る
... qǐ	…起	17	② 上に向かう、出現する（補語）
qǐchuáng	起床	14	② 起床する
... qǐlai	…起来	17	② 上に向ってくる、～してみる（補語）
qìchē	汽车	15	④ 自動車
qiān	千	20	③ 1000
qián	前	19	② 前
qiánbian	前边	19	② 前、前方
qiánmiàn	前面	19	① 前、先、前方、前面
qián	钱	6	② お金
qiánbāo	钱包	19	① 財布
qīngwā	青蛙	11	③ 蛙
qīngchu	清楚	14	② はっきりしている
qīngxián	清闲	20	① 何もなく暇である
qíngrén	情人	6	④ 恋人、愛人
qǐng	请	5	① お願いする、乞う；どうぞ～してください
qǐng	请	20	① 人を招いて～してもらう、人に～してくれるよう乞う

qióng	穷	20	③ 徹底的に、あくまでも
qiú zhī bù dé	求之不得	18	① 願ってもない
qù	去	6	② 行く
...qu	…去	17	② 行く（補語）
qùnián	去年	9	② 去年
quán	全	20	② すべて
Quánjiā	全家	11	④ ファミリーマート

R

rǎnfà	染发	13	② 髪を染める
ràng	让	13	① ～に…させる
rào	绕	10	③ まつわる、回る
rè	热	18	② 暑い、熱い
rén	人	7	② 人
rènshi	认识	5	② 知り合う
Rìběnrén	日本人	7	② 日本人
róngyi	容易	10	④ 易しい
rù	入	20	③ 入る

S

sān	三	6	① 3
sānmíngzhì	三明治	12	① サンドイッチ
sǎn	伞	14	② 傘
shá	啥	19	① （＝什么）なに
shǎguā	傻瓜	14	④ 愚か者
shān	山	19	③ 山
Shānběn	山本	8	② 山本（姓）
shàng	上	8	① 上（漢字の説明）
shàng	上	12	② 上の（方位詞）
shàng	上	20	③ 登る
... shàng	…上	17	② 上がる（補語）
shàngbian	上边	19	② 上、上方
shàng ge yuè	上个月	9	② 先月
Shànghǎi	上海	19	② 上海
shàngkè	上课	11	② 授業に出る
...shànglai	…上来	17	② 上ってくる（補語）
shàngmiàn	上面	19	② 上、上方
...shàngqu	…上去	17	② 上っていく（補語）
shàngwǎng	上网	13	① インターネットをする
shàng xīngqī	上星期	9	② 先週
shàngxué	上学		学校に通う
shàngxià	上下	8	① 上下
shǎo	少	10	④ 少ない
shéi	谁	5	① 誰
shēn	伸	12	③ 伸ばす
shēntǐ	身体	12	③ 身体、体
shēn	深	18	① 深い
shénme	什么	5	① なに、なんの
shénme shíhou	什么时候	9	① いつ
shēngqì	生气	20	② 心配こと
shēngrì	生日	9	① 誕生日
shēng	声	14	③ 音声を数える（量詞）
shèngdàn lǎorén	圣诞老人	6	④ サンタクロース
shí	十	6	② 10
shíjiān	时间	6	② 時間
shì	是	6	② ～である
shì~de	是～的	19	① ～のです
shì	试	6	② 試す
shì	事	11	① 事柄、用事
shǒu	手	12	③ 手
shǒufēngqín	手风琴	18	④ アコーディオン
shǒujī	手机	7	② 携帯電話
shòu	瘦	10	② 痩せている
shòusī	寿司	12	④ お寿司
shòuhuòyuán	售货员	16	④ 販売員
shū	书	7	② 本
shūbāo	书包	8	② カバン
shǔjià	暑假	13	① 夏休み
shù	竖	17	③ 立てる
shùqín	竖琴	18	④ ハープ
shuǐ	水	5	④ ウオーター、水
shuǐguǒ	水果	5	② 果物
shuì	睡	15	② 寝る
shuìjiào	睡觉	5	③ 眠る、寝る
shuō	说	15	② 話す
sījī	司机	16	④ 運転手
Sīmǎ Qiān	司马迁	8	④ 司馬遷
sǐ	死	20	① （「心理動詞・形容詞＋“死”」の形で）程度がはなはだしいことを表す
sì	四	6	② 4
sòng	送	6	① 見送る、送る
suì	岁	9	② 歳（量詞）
Sūn Wén	孙文	8	④ 孫文

T

tā	他	5	② 彼
tāmen	他们	5	② 彼ら
tā	她	5	② 彼女
tāmen	她们	5	② 彼女ら
tái	台	14	② 機械などを数える（量詞）
tài	太	19	② ～過ぎる
tài~le	太～了	20	① とても～、～すぎる
tàiyang	太阳	10	③ 太陽
Tàiguó	泰国	7	④ タイ
Tàiyǔ	泰语	7	④ タイ語
tán	弹	18	① 弾く
téng	藤	19	③ 藤
tī	踢	12	③ 蹴る
tǐyùguǎn	体育馆	13	④ 体育館
tiān	天	6	③ 日、1日間
tiāntiān	天天	12	③ 毎日
Tiánzhōng	田中	8	② 田中（姓）
tiáo	条	14	③ 細長いものを数える（量詞）
tiào	跳	12	③ 跳ぶ、跳び上がる
tiàoshuǐ	跳水	20	④ （水泳の）飛び込み
tīng	听	14	② 聞く
tīngshuō	听说	18	① ～と聞いている、～だそうだ
tíng	停	19	③ 停止する、止める
tónglíng	铜铃	19	③ 銅の鈴
tóu	头	19	③ 頭、先端
tóuténg	头疼	17	① 頭が痛い
túshūguǎn	图书馆	11	② 図書館
tuǐ	腿	12	③ 足（足の付け根からくるぶしまで）

W

wā	蛙	15	③ 蛙
wā	哇	15	① わ～！感心したり、驚いたりするときに用いる
wài	外	19	② 外、外側
wàibian	外边	19	② 外、外側
wàimiàn	外面	19	② 外、外側
wān	弯	9	③ 曲がる
wánr	玩儿	11	② 遊ぶ
wán	完	14	② 使い切る、食べ終わるなど「～し尽す」を表す
wǎnshang	晚上	12	① 夜
Wāng	汪	8	② 汪（姓）
Wáng	王	8	② 王（姓）
Wáng Xiàlián	王夏莲	8	② 王夏蓮（人名）
Wáng Zhīhuàn	王之涣	20	③ 王之渙（詩人）
wàngjì	忘记	17	① 忘れる
wéiqí	围棋	18	① 碁、囲碁
wèntí	问题	7	① 問題
wǒ	我	5	① 私
wǒmen	我们	5	② 私たち
Wò'ěrmǎ	沃尔玛	11	④ ウォルマート
wūli	屋里	17	② 部屋の中
wūzi	屋子	18	③ 部屋
wūlóngchá	乌龙茶	5	④ 烏龍茶
wǔ	五	6	② 5

X

Xībānyá	西班牙	7	④ スペイン
Xībānyáyǔ	西班牙语	7	④ スペイン語
xīguā	西瓜	14	④ スイカ
xīyān	吸烟	18	② タバコを吸う
xǐ	洗	14	② 洗う
xǐhuan	喜欢	17	② 好きだ
xì	系	8	② 学部、学科
xià	下	17	② 下りる（補語）
xià	下	16	① （雨が）降る
xià	下	18	① （碁を）打つ、（将棋を）指す
xià	下	19	② 下
...xià	…下	14	③ 下に向かう、離れる（補語）
xiàbian	下边	19	② 下、下方
xià ge yuè	下个月	9	② 来月
xiàkè	下课	12	② 授業が終わる
...xiàlai	…下来	17	② 下ってくる（補語）
xiàmiàn	下面	19	② 下、下方
...xiàqu	…下去	17	② 下っていく（補語）
xià xīngqī	下星期	9	② 来週
xià xuě	下雪	16	② 雪が降る
xiàwǔ	下午	12	② 午後
xiān	先	12	② 先に
xiánhuì	贤惠	8	② 善良で聡明だ
xiànjīn	现金	19	① 現金、キャッシュ
xiànzài	现在	6	② 今
xiànchǒu	献丑	15	① つたない芸をお目にかける
xiǎng	想	6	② 考える
xiǎng	想	7	① ～したい
xiǎng	想	20	② 懐かしがる、会いたいと思う
xiǎngbuqǐlai	想不起来	19	① 思い出せない
xiāoxi	消息	20	② 知らせ
xiǎo	小	5	③ 小さい
xiǎo	小	12	② 同年輩や年下の１文字の姓の前につけて親しみを表す
xiǎo hé	小河	16	③ 小川
xiǎolóngbāo	小笼包	14	① ショウロンポー（小籠包）
xiǎoqi	小气	10	① けちである
xiǎoshí	小时	12	① 時間
xiǎoshíhòu	小时候	11	③ 子供のころ
xiǎoshuō	小说	13	② 小説
xiǎotíqín	小提琴	18	④ バイオリン
xiào	笑	20	② 笑う
xiě	写	8	① 書く
xièxie	谢谢	5	① ありがとう、～に感謝する
xīn lái de	新来的	12	② 新しく来た
Xīnsù	新宿	11	② 新宿
xīnshàngrén	心上人	6	④ 意中の人
xīnshì	心事	20	② 心配こと
xìnyòngkǎ	信用卡	19	① クレジットカード
Xīngbākè	星巴克	11	① スターバックス
xīngqī	星期	6	② 曜日
xīngqīyī	星期一	6	② 月曜日
xìng	姓	8	① ～という姓である
xìnggé	性格	10	② 性格
xiōngdì	兄弟	9	① 兄弟
xióngmāo	熊猫	7	② パンダ
xué	学	7	② 学ぶ、学習する
xuésheng	学生	7	② 学生
xuéxí	学习	17	② 勉強（する）
xuéxiào	学校	6	② 学校
xuěhuā	雪花	19	④ 雪片
xuěrén	雪人	6	④ 雪だるま

Y

yāzi	鸭子	7	③ アヒル
ya	呀	5	① 文末に置き、疑問の語気をやわらげる
yānhuā	烟花	19	④ 花火
yǎnjing	眼睛	9	③ 目
Yáng	杨	8	② 楊（姓）
yāo	腰	12	③ 腰
yào	要	20	② ～しそうだ、～するだろう
yàobù	要不	16	① さもなければ、でなければ、でないと
yào~le	要～了	13	① もうすぐ～になる
yào	药	15	② 薬
yéye	爷爷	8	③ 父方の祖父
yě	也	10	① ～も
yèyú	业余	18	① アマチュアの、専門外の
yī	一	6	② 1
yìdiǎnr	一点儿	10	① 少し
yíhuìr	一会儿	9	② すぐ、まもなく

yìqǐ	一起	11	② 一緒に
yī	依	20	③ 依る
Yīténg	伊藤	8	② 伊藤（姓）
yīfu	衣服	14	② 服、洋服
yīshēng	医生	16	④ 医者
yǐjīng	已经	20	① すでに
Yīngguó	英国	7	④ イギリス
Yīngyǔ	英语	7	② 英語
yǐzi	椅子	17	④ 椅子
Yìdàlì	意大利	7	④ イタリア
Yìdàlìyǔ	意大利语	7	④ イタリア語
yīnghuā	樱花	19	④ 桜の花
yǒng	永	6	③ 永遠の、久しい
yòng	用	7	① 使う
yòngwán	用完	14	① 使い終わる（“完”は使い切る、食べ終わるなど「～し尽す」を表す）
yóu	游	18	② 泳ぐ
yóuyǒng	游泳	12	① 泳ぐ
yóujú	邮局	19	② 郵便局
yǒu	有	6	① 持つ；ある、いる
yǒudiǎnr	有点儿	10	① 少し、いささか（主に望ましくないことに）
yǒuhǎo	友好	8	② 友好的だ
yòu	又	17	① また、さらに
yòu	右	19	② 右
yòubian	右边	19	② 右、右側
yòumiàn	右面	19	② 右、右側
yǔ	雨	16	① 雨
yù	欲	20	③ ～したいと思う
yuǎn	远	10	④ 遠い
yuèliang	月亮	10	③ 月

Z

zài	再	6	① 再び、もう一度
zàijiàn	再见	6	① さようなら
zài	在	12	① いる、ある
zài	在	13	① ～で（場所を表す）
zài	在	13	① 「“在”＋V＋O」の形で、～している（進行）
zán	咱	16	① 私たち
zánmen	咱们	5	② （聞き手を含めた）私たち
zāng	脏	10	④ 汚い
zāogāo	糟糕	16	① （話し言葉で）しまった！いけない、大変だ
zǎocāo	早操	12	③ 朝の体操
zǎoshang	早上	12	③ 朝
zàoyì	造诣	18	① 造詣（学問の到達している境地）
zěnme	怎么	8	① どのように、どうして
zěnmeyàng	怎么样	10	② どうですか
Zhāng	张	8	① 張（姓）
zhāng	张	14	② 平たいものや平たい部分が目立つものを数える（量詞）
Zhāng Qiáng	张蔷	8	① 張蔷（人名）
zhǎng	长	15	③ 成長する、大きくなる
zhǎngdà	长大	11	③ 大きくなる、成長する
zhàngzi	帐子	18	③ とばり、蚊帳
zháojí	着急	7	① 焦る、いらいらする
zhǎo	找	19	① 探す
Zhào	赵	8	② 趙（姓）
zhàopiàn	照片	17	② 写真
zhè	这	7	② これ、それ；この、その
zhège ; zhèige	这个	8	② これ、それ；この、その
zhège yuè	这个月	9	② 今月
zhèli	这里	11	② ここ、そこ
zhème	这么	8	② このように
zhèr	这儿	11	② ここ、そこ
zhèxiē	这些	19	② これら
zhè xīngqī	这星期	9	② 今週
zhe	着	10	③ ～しながら
zhēn	真	10	② 本当に
zhèngzài	正在	13	② ちょうど～している
zhīdao	知道	20	② 知っている、分かる
zhī	支	19	② 本、棒のようなものを数える（量）
zhī	只	14	② 動物を数える（量）
zhǐ	只	14	① ただ
Zhōngcūn	中村	8	② 中村（姓）
Zhōng-Rì	中日	7	① 中日
zhōngwǔ	中午	12	① 昼
zhōu	周	15	① 週
Zhōu Ēnlái	周恩来	8	④ 周恩来
zhūròu	猪肉	14	① 豚肉
Zhūgě Liàng	诸葛亮	8	④ 諸葛亮
zhúsǔn	竹笋	11	③ 筍
zhúzi	竹子	11	③ 竹
zhǔchírén	主持人	6	④ 司会者
zhù	祝	9	① 祝う、祈る
zhùhè	祝贺	9	① 祝賀する、祝う
zhǔnbèi	准备	20	① ～する予定である
zhuōzi	桌子	14	② 机
zhuōzi shang	桌子上	12	② 机の上
zìxíngchē	自行车	15	④ 自転車
zì	字	16	① 字
zǒu	走	6	① （その場から）離れる、去る
zúqiú	足球	20	④ サッカー
zuǐ	嘴	14	③ 口
zuótiān	昨天	6	② 昨日
Zuǒténg	佐藤	8	② 佐藤（姓）
Zuǒténg Huì	佐藤惠	8	② 佐藤恵（人名）
zuǒ	左	19	② 左
zuǒbian	左边	19	② 左、左側
zuǒmiàn	左面	19	② 左、左側
zuò	坐	5	① 腰掛ける
zuò	做	12	③ する、やる
zuòkè	做客	20	① （招かれて）客となる
zuòyè	作业	6	② 宿題

著者
相原　茂
　中国語コミュニケーション協会代表

蘇　紅（Su Hong）
　東京外国語大学特定外国語教員

課文挿画	関祐子
即練・たんご8きょうだい挿画	富田淳子
表紙／本文デザイン	小熊未央

スイスイ音読　入門中国語

検印省略

© 2022年1月15日　初版　発行
2024年1月31日第3刷　発行

著　者　相原　茂
蘇　紅

発行者　小　川　洋　一　郎
発行所　株式会社　朝　日　出　版　社
〒101-0065　東京都千代田区西神田3-3-5
電話（03）3239-0271・72（直通）
振替口座　東京　00140-2-46008
欧友社／図書印刷
http://www.asahipress.com

乱丁、落丁本はお取り替えいたします。
ISBN978-4-255-45359-0 C1087